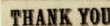

HELLO, PAPER

헬로 페이퍼

HELLO, PAPER
재미있는 종이 포장 공작실
©박선희, 2012

초판 1쇄 펴낸날 2012년 12월 5일
초판 3쇄 펴낸날 2014년 11월 10일

지은이 박선희
펴낸이 조영혜
펴낸곳 동녘라이프

전무 정락윤
주간 곽종구
편집 구형민 이정신 최미혜 현의영
미술 조하늘 고영선
영업 김진규 조현수
관리 서숙희 장하나

진행 정혜정 **사진** 이보영(ROC studio) **디자인** 노희영(banana®project)
인쇄·제본 새한문화사 **라미네이팅** 북웨어 **종이** 한서지업사

등록 제311-2003-14호 1997년 1월 29일
주소 (413-120) 경기도 파주시 회동길 77-26
전화 영업 031-955-3000 편집 031-955-3004 전송 031-955-3009
블로그 www.dongnyok.com **전자우편** life@dongnyok.com

ISBN 978-89-90514-62-2 13630

- 잘못 만들어진 책은 바꿔 드립니다.
- 책값은 뒤표지에 쓰여 있습니다.
- 이 도서의 국립중앙도서관 출판시도서목록(CIP)은 e-CIP홈페이지(http://www.nl.go.kr/ecip)와 국가자료공동목록시스템(http://www.nl.go.kr/kolisnet)에서 이용하실 수 있습니다.
 (CIP제어번호: CIP2012005507)

재미있는 종이 포장 공작실

HELLO, PAPER

Contents

PART 2.
Paper Box & Bag

프롤로그   008

1. Easy & Chic
종이상자

01 보랏빛 향기	028
02 찰랑찰랑~ 사랑을 싣고	030
03 상자의 품격	032
04 성냥갑 상자	034
05 큐티 보이	036
06 넝쿨째 굴러온 당신	038
07 로맨틱 하트	040
08 나는 강남 스타일	042
09 오픈 트레이 상자	044
10 아름다운 그대에게	046
11 우유가 좋아	048
12 그대는 트랜스포머	050
13 꽃보다 상자	052
14 러블리 데이	053

PART 1.
Hello Paper

종이의 매력	012
종이의 종류	014
꼭 필요한 부자재	018
종이 재료 구입처	022

PART 3.
Paper Decoration

2. Simple & Trendy
종이봉투

15 맞춤 쇼핑백	058
16 모던 봉투	060
17 레드 홀릭	062
18 봉투의 꿈	064
19 살아있네, 그대의 센스	066
20 그리움이 쌓이네	068
21 오직 너 뿐	070
22 내 친구의 집	072
23 봉투의 품격	074
24 내 친구는 멍멍	076
25 마음을 열어줘	078
26 우리들의 축제	080

1. Funny & Fresh deco
팝업 스타일

27 두근두근 쿵쿵	086
28 별은 내 가슴에	088
29 연둣빛 향기	090
30 비밀의 화원	092
31 예감 좋은 날	094
32 보고싶다	096
33 바람이 분다	098
34 당신이 챔피언	100
35 로맨틱 데이	102
36 크리스마스에는	104
37 어느 멋진 날	106
38 달콤한 솜사탕	108
39 꽃놀이 갈까요	110
40 플라워 코르사주	112
41 활짝 핀 꽃송이	114
42 힐링 캠프	116
43 여름 향기	118
44 순백의 신부	120
45 고맙습니다	122
46 소원을 말해 봐	124

2. Shinny & Trendy deco
레터링 스타일

47 너를 사랑해 128
48 내 마음 속에 지우개 130
49 사랑은 눈꽃처럼 132
50 우리들의 크리스마스 134
51 시크릿 가든 136
52 레이스 홀릭 138
53 모던 스타일 140
54 천사의 날개 142
55 아시나요 144
56 태그 스타일 148
57 너만 있으면 돼 150
58 그대의 눈꽃송이 152
59 연애 시대 154
60 마음을 나눠요 156
61 나비처럼 날아라 158
62 그대 내 맘에 들어오면 160
63 갖고 싶은 너라서 162

3. Friendly & Soft deco
종이테이프

64 종소리 울려라 166
65 응답하라, 그대 168
66 완전히 새 됐어 170
67 판타스틱 베이비 171
68 어서 말을 해 174
69 로맨틱 걸 178
70 해피 트윈스 180
71 네 이름을 말해 봐 182
72 핑크 레이디 184
73 착한 상자 186
74 그대에게 비밀은 없어 188
75 통통 튀는 그대 190
76 우리들의 축제 192
77 신사의 품격 194

『헬로 페이퍼』가 세상에 나오게 해 준 일등 공신이자 나의 든든한 지원군 이미종 과장님, 정확하고 감각적인 진행 솜씨로 예쁘게 세팅해 준 혜정 씨, 벌써 세 번째 책을 같이 하게 되었지만 변치 않는 매력을 발산하는 카리스마 있는 이보영 실장님, 그리고 마지막 날까지 보영 실장님 보좌하느라 손 모델 하느라 고생한 밥 잘 먹는 민영 양, 덕분에 푹푹 찌는 한여름 촬영도 너무 즐겁고 감사했습니다.

책이 나올 때마다 홍보요원이 되어 주는 숫자로는 어디 가서도 밀리지 않을 만큼 많은 제 친척들과 가족 같은 소중한 친구들에게도 깊은 감사 드려요. 더불어 'suhnii의 집에서 외식하기'의 쿠킹 클래스를 함께하는 소중한 인연들. 부족한 점이 많은데도 항상 감싸 주며 덮어 주셔서 감사합니다. 책 만드는 동안 보내 주신 격려도 감사합니다. 이젠 책도 나왔으니 더욱 응원해 주실 거죠? (특별히 예쁜 아기의 얼굴을 초상권도 없이 빌려 주셔서 감사해요^^)

요리 책부터 포장 책까지 제가 뭘 하는 사람인지 아직도 궁금해 하지만, 그래도 책 만들 때마다 적극 협조해 주시는 부모님과 동생 내외 특히 촬영 도중에 태어난 사랑하는 조카 하율이까지…. 이 멋진 가족을 가진 것이 저에게 제일 큰 재산이자 자랑입니다. 그리고 마지막으로 언제나 제대로 감사를 전하지 못하지만, 늘 감사할 것을 주시는 그분께도 정말 감사합니다.

2012년 가을
DIY MAKER 박선희

PART 1

Hello paper

소중한 마음을 나누고 싶은 사람에게 아름다운 시간을 오랫동안
추억할 수 있는 특별한 선물을 직접 포장해 전하면 어떨까요?
언제 어디서나 쉽게 구하고, 쉽게 활용할 수 있는 종이는 소소한
일상을 특별하게 바꾸는 기회를 줍니다.
그 어떤 선물보다 깊은 여운과 진한 감동을 선사할 것입니다.

이게 바로 종이 포장의 매력입니다. 누구나 거리낌 없이 종이 포
장에 도전하고, 재미나게 자신의 감각을 표현할 수 있지요.
다른 재료에 비해 저렴해 누구나 종이를 친근하게 생각하는 것
도 장점입니다. 이 뿐인가요? 종이 포장은 만드는 시간도 짧고,
과정도 간단해 초보자들이나 아이가 있어 많은 시간을 할애할
수 없는 주부들도 부담 없이 도전할 수 있답니다.
또 다양한 종이 포장법을 잘 활용하면 인테리어 소품으로 얼마
든지 변신가능하기 때문에 그 어떤 재료보다 가치 있게 사용할
수 있습니다.

자, 적은 시간과 비용으로 멋진 센스와 무한 감동을 선물하고
싶다면 쉽고 재미난 종이 포장법에 관심을 기울여 보세요.
자신이 생각하고 있는 그 이상의 기쁨과 추억을 선물할 것입니다.

종이의 매력

1 종이는 쉽다

종이는 주변에서 구하기 쉬운 재료 중 하나입니다. 어디에서나 쉽게 찾을 수 있고, 언제나 쉽게 구입할 수 있으며, 부담 없이 사용할 수 있지요. 또한 초보자들도 어렵지 않게 작품을 완성할 수 있어 누구나 성취감을 느낄 수 있습니다. 거창한 다짐 없이 일상에 새로운 재미를 주는 취미 생활이 되기도 합니다. 그만큼 종이는 쉽고 재미있게 즐길 수 있는 재료입니다.

2 종이는 가볍다

종이는 가벼워 오래 전부터 아이의 두뇌를 발달시키는 즐거운 놀잇감이었습니다. 요즘은 치매에 대비하여 종이접기를 취미로 즐기는 어르신도 많습니다. 왜 그럴까요? 종이접기는 눈과 손을 동시에 사용하기 때문에 두뇌를 계발하는데 효과적이며, 집중력을 키워 주기 때문입니다. 또한 성취감을 맛볼 수 있어 우울증이나 스트레스에 시달리는 사람들의 기분 전환에도 그만이지요. 또, 일정한 규칙 없이 종이를 접거나 포장하는 등 각자 새로운 방법으로 도전할 수 있어 창조의 기쁨까지 맛볼 수 있답니다.

3 종이는 저렴하다

종이의 가장 큰 매력은 굉장히 저렴한 재료라는 것입니다. 그래서 다른 재료를 이용한 DIY와 달리 재료 구입에 큰 부담을 느끼지 않습니다. 저렴한 가격대로 자신이 원하는 대로, 상상력을 펼쳐가며 포장을 완성하거나 소품을 만들 수 있어요.

4 종이는 다양하다

종이는 그 종류와 색이 매우 다양합니다. 그래서 원하는 용도에 맞추어 종이를 구입해 활용하기 쉬운 것이 장점입니다. 튼튼한 포장을 원할 때는 보통 보드지를 이용해 상자 포장을 많이 합니다. 흔히 상자 포장이라고 하면 네모난 물건이라고 생각하기 쉬운데 세모진 것이나, 납작한 것, 동그란 것 등 본인이 원하는 대로 형태를 다양하게 바꾸어 만들 수 있어 DIY하는 과정이 재밌습니다. 또 형태가 정해지지 않는 과자나 캔디 등을 포장할 때는 얇고 멋스러운 포장지를 이용해 선물의 형태를 살리며 자유롭게 포장할 수도 있지요. 정해지지 않은 만들기 과정에서 누구나 자신감과 재미를 키울 수 있습니다.

5 종이는 친근하다

어렸을 적부터 접하게 되는 종이는 그 어떤 것보다 정겨운 재료입니다. 우리는 책을 읽으며 말을 배우고, 그림을 그리며 세상을 배우며 자라납니다. 글자를 처음 깨우칠 때도 종이는 우리의 친구가 됩니다. 이렇게 늘 우리 주변에서 함께 하는 종이는 누구에게나 추억을 선사합니다. 종이를 가지고 무언가를 만들 때는 늘 즐겁습니다. 그래서 종이 만들기는 포근하고 따스한 감성을 선물합니다.

종이의 종류

종이의 특성과 용도를 알아두면 상황에 따라 종이를 쉽게, 제대로 구입할 수 있다. 요즘은 인터넷을 통해 편하게 종이를 구입할 수 있지만, 종이에 대해 잘 알지 못하고 구입하여 낭패를 보는 경우가 많다. 그러므로 종이의 종류와 그 특성, 종이 만들기에 필요한 부자재에 대한 정확한 정보를 알고 있는 것이 무엇보다 중요하다. 특히 선물 포장할 때 종이만큼 중요한 것이 바로 부자재다. 다양한 부자재를 잘 활용하면 원하는 대로 예쁜 포장을 완성할 수 있을 뿐 아니라, 포장 시간도 단축할 수 있다.

1

2

5

3

4

6

1. 색한지
한지지만 조직이 한지처럼 보이지 않는 것으로 색이 다양하고 얇아서 포장하기 좋다. 가격이 싸고 구겨지면 다려서 쓸 수 있다는 장점이 있다. 전지 사이즈가 900~1,500원대로 대형 문구점에서 구입할 수 있다.

2. 패턴지
양면, 단면, 엠보싱 등 요즘 다양한 것들이 많이 나온다. 보통 스크랩북이나 앨범을 만들 때 사용하는데, 두께감도 있고 양면이 무늬가 달라 상자나 태그 만들 때 사용하면 좋다. 사이즈는 가로 32 × 세로 30cm 한 종류로 1장 1천 5백원~3천원 대, 더러 묶음으로 할인해서 파는 상품도 있으니 사이트를 잘 살펴보고 구매하자.
구입처는 유아쏘(www.youareso.co.kr), 솔트앤페이퍼(www.saltandpaper.co.kr), 텐바이텐(www.10x10.co.kr), 스탬프마마(www.stampmama.com)

3. 모조지
대형마트, 동네 문구점에서 쉽게 구할 수 있다. 모조지 자체를 포장 종이로 사용하기보다는 먼저 상자를 한번 포장하여 겉에 사용할 포장지의 색이 잘 나오게 하는데 많이 사용한다.

4. 소포지
빈티지한 느낌으로 포장할 때 많이 사용한다. 가격이 저렴하고 스탬프도 잘 찍히기 때문에 스탬프를 이용한 포장에 좋다. 문구점과 마트에서 5~10장 묶음으로 구입할 수 있다.

5. 포장지
문구점이나 팬시 전문 인터넷 사이트에서 다양한 포장지를 구입할 수 있는데, 인터넷에서는 원하는 사이즈를 미터(m) 단위로 구입할 수 있고 고속터미널 3층 꽃시장에서는 1롤 단위로 조금 저렴하게 구입할 수 있다.
구입처는 텐바이텐(www.10x10.co.kr), 고속터미널 3층 꽃시장.

6. 상자지
두께감도 있으면서 잘 잘라지기 때문에 하드보드지보다 간편하게 사용할 수 있다. 대형 문구점에서 구입하거나 깨끗한 택배 상자를 재활용한다.
구입처는 한가람문구(고속터미널 지하), 알파문구.

7

8

9

10

11

7. 크라프트지
두께가 다양해 골라 쓸 수 있는데 하드보드지보다 얇은 두께는 상자를 만들기 쉽고, 얇은 종이는 봉투 만들기에 좋다. 대형 문구점에서 쉽게 찾을 수 있다.

8. 유산지
기름을 흡수하지 않아 과자나 음식물을 포장하는데 좋다. 마트에서 파는 종이포일을 이용해도 된다. 베이킹 재료나 소품 매장에서 다양한 컬러를 살 수 있다.

9. 색종이
10×10cm, 15×15cm 등 여러 가지 사이즈의 색종이를 구입할 수 있다. 프린트도 다양하고 코팅된 색종이도 많다. 문구점에서 쉽게 찾을 수 있으며 인터넷에서는 감각적인 느낌의 수입 색종이도 구입할 수 있다.

10. 색지
두꺼워서 상자를 싸는 용도로는 잘 사용하지 않지만 상자 위를 꾸미는 장식이나 태그를 만들 때 이용하면 좋다. 머메이드, 디에스, 매직터치, 크린에코 등이 있다. 대형 문구점에서 다양한 사이즈와 색깔로 구입할 수 있다.

1) 머메이드지 | 대표적인 엠보싱 종이로 텍스처가 울퉁불퉁하다. 색이 다양하고 두께감이 있어 고급스럽고 문구점 어디서나 가장 구입하기 쉬운 종이 중 하나이다.

2) 디에스지 | 앞면에 자연스러운 줄무늬가 있는 종이로 앞뒤가 달라 단조롭지 않고 세련되게 표현하기 좋다.

3) 매직터치지 | 컬러가 다양하고 머메이드지처럼 엠보싱 무늬가 매우 자연스럽다. 머메이드지보다 가격이 저렴하고 종이 강도가 높은 편이다.

4) 크린에코지 | 머메이드나 다른 색지보다 두께감이 있고 표면이 매끄러운 종이로 주로 블랙과 화이트, 파스텔 계열로 이루어져 있다.

5) 디자이너스지 | 가장 다양한 컬러(140색)를 가진 종이다. 미세한 차이의 색을 골라 쓸 수 있으므로 톤온톤이나 색 배열에 유용하다.

11. 습자지
꽃을 만들거나 원형 선물을 포장할 때 좋다. 잘 찢어지고 구겨지는 단점이 있지만 얇아서 여러 겹으로 부피감을 줄 수 있고 다른 색과 겹쳐서 사용해 변화를 줄 수 있어 좋다. 대형 문구점이나 선물 포장코너에서 구입할 수 있다.

12

13

14
15

16

17

12. 트레싱지 & 트레팔지
반투명한 종이로 조금 얇은 것이 '트레싱지', 조금 두꺼운 것이 '트레팔지'다. 트레팔지는 흰색 이외에도 다양한 색이 있어서 유용하다. 비치는 성질을 이용해 도안을 대고 그리는데 사용하거나, 종이를 겹쳐서 사용하면 색이 진해지므로 여러 겹으로 그러데이션 효과를 낼 수 있다.

13. 타공지
구멍이 뚫어져 있는 종이로 속지의 색에 따라 다른 느낌을 줄 수 있다. 색지와 마찬가지로 다양한 색이 있다.

14. 도일리
레이스 종이로 1회용 컵받침이나 매트로 사용하는데, 얇고 화려해서 포장에 잘 어울린다. 원과 사각이 기본으로 크기가 다양하고 골드, 실버는 물론 파스텔 컬러도 있다. 인터넷에서 검색하면 쉽게 찾을 수 있고 베이킹 재료상에서도 구입할 수 있다.

15. 머핀종이
초콜릿을 넣는 종이부터 머핀 사이즈의 종이까지 다양한 색과 크기가 있다. 요즘에는 예쁜 프린트가 새겨진 머핀종이도 많이 나온다. 마트와 제과제빵 재료상에서 구입할 수 있으며 음식을 포장하거나 접어서 프릴 장식으로 이용하면 좋다.

16. 허니콤
칼집이 나 있는 종이로 벌리면 육각형의 벌집 모양이 생긴다. 유리 등 깨지는 물건을 포장할 때 완충제로 사용할 수 있다. 입체감이 있는 물건을 포장할 때 폭신함과 디테일을 가미할 수 있다.

17. 라벨지
앨범지의 한 종류. 여러 가지 라벨이 한 장에 프린트된 종이로 모양대로 잘라 원하는 포장에 활용할 수 있다.

꼭 필요한 부자재

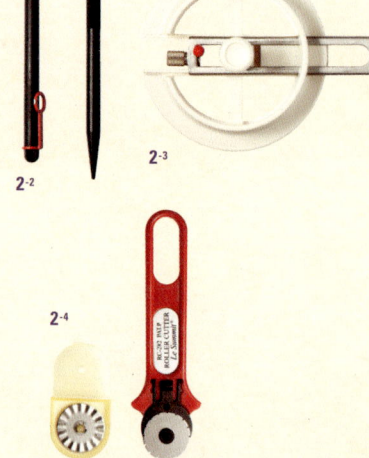

1. 테이프
1) 양면테이프 | 종이 포장을 할 때는 풀보다 양면테이프를 더 많이 사용한다. 면적이 좁은 곳에 풀을 사용할 경우, 풀이 번져 원하는 부위를 벗어나게 되면 자칫 종이가 다른 종이와 붙어 찢어지거나, 풀이 먼지와 붙어 지저분해질 수 있기 때문이다. 양면테이프를 사용하면 좁은 시접 부분도 깨끗하게 붙일 수 있다. 껍질을 벗겨 쓰는 것과 수정테이프 형태로 쓸 수 있는 것 2가지가 있다.

2) 폼 양면테이프 | 장식이나 글자 등을 입체감 있게 만들고 싶을 때 주로 사용한다. 사용 방법은 양면테이프와 동일하다. 입체감을 더 주고 싶을 때는 양면 우드락을 잘라 이용하는 것도 좋다.

3) 마스킹테이프 | 손으로 찢어 쓸 수 있는 약간 코팅된 종이테이프를 말한다. 어디든 쉽게 붙일 수 있고, 종이를 제외한 재질에 사용할 경우 여러 번 떼었다 붙였다 할 수 있어 유리나 가구, 책 등에 붙여 활용한다. 가격이 조금 비싼 것이 흠이지만, 다양한 색과 크기, 독특한 프린트의 제품이 많아 활용도가 높다. 인터넷이나 문구점 등에서 구입할 수 있다.

4) 종이테이프 | 마스킹테이프보다 저렴하고 문구점에서 쉽게 구입할 수 있다. 색이 한정적이지만 접착력은 마스킹테이프보다 강하다. 독특한 프린트와 컬러가 필요하지 않는 작업에는 종이테이프를 사용해도 좋다.

2. 칼
1) 기본 칼 | 직선을 자를 때는 가위로 자르는 것보다 자를 대고 칼로 자르는 것이 깨끗하다.

2) 아트 나이프와 곡선커터 | 날이 뾰족하고 머리 부분이 돌아가기 때문에 곡선을 매끈하게 자르는데 유용하다. 곡선 외에 아주 작은 부분을 정교하게 잘라내기 좋다.

3) 원형칼 | 원하는 지름을 정한 다음 돌려가며 자르면 원을 완성할 수 있다.

4) 롤러커터 | 롤러를 굴리면서 자르는 칼. 직선, 점선, 물결 무늬 3가지 형태의 칼날을 바꿔 끼워 절취선을 넣는 도구다.

3. 풀
1) 딱풀 | 면적이 작은 부분이나 색종이 같은 얇은 종이를 붙이기에 좋다. 가격이 싸지만 바로 붙지 않는다는 단점이 있다. 포스트잇처럼 임시접착용 딱풀도 있다.

2) 3M 스프레이풀 75 & 77 | 3M 스프레이풀의 숫자는 풀의 용도를 의미한다. 75는 임시 고정용 접착풀이기 때문에 떼었다가 붙일 수 있고, 77은 완전 고정용으로 뿌리는 즉시 단단하게 접착된다. 가격이 비싸고 풀이 퍼지는 단점이 있지만, 접착력이 강하고 큰 범위도 쉽게 붙일 수 있어 매력적이다. 스프레이풀은 큰 상자 안에 넣고 사용하면 풀이 사방으로 날아가는 것을 막을 수 있다.

3) 2WAY GLUE | 바른 후 파란색일 때 풀로 사용할 수 있고, 마른 후에는 포스트잇처럼 재 접착이 가능한 2가지 기능이 있다. 풀이 나오는 입구가 2, 5, 15mm 사이즈로 다양해 가는 선에도 사용하기 쉽다. 펜 형태라 사용하기 편하고 접착력도 좋다. 이 풀로 글자를 쓴 다음 반짝이를 뿌리면 화려한 레터링 장식이 된다.
구입처는 텐바이텐(www.10x10.co.kr), 유아쏘(www.youareso.co.kr)

4. 송곳
굵기가 일정해서 작은 구멍 뚫기에 좋은 것과 점점 굵어져서 원하는 크기만큼 뚫을 수 있는 것이 있다. 펀치를 사용하지 못하는 경우 유용하다.

5. 본폴더(Bone folder)
접는 선을 표시할 때 아주 유용한 도구로 적당한 압력으로 그으면 접는 면을 깨끗하게 접을 수 있다. 본폴더가 없는 경우 가위나 칼의 등 부분을 활용하자.

6. 펀치
1) 손잡이 형 | 둥근 모양을 뚫을 때 편리하지만 아주 두꺼운 것은 뚫기 힘들다.
2) 모양펀치 | 다양한 모양으로 구멍을 뚫는 도구로 카드나 단체 선물을 만들 때 사용하면 편리하다. 인터넷이나 문구점에서 쉽게 찾을 수 있다.
3) 보더펀치 & 코너펀치 | 보더펀치는 종이나 매트의 테두리를 레이스 모양으로 자를 수 있는 펀치를 일컫는다. 가장자리를 같은 모양으로 뚫어 완성할 수 있는 코너펀치도 있다. 1회용 매트나 스크랩북에 많이 이용한다. 요즘은 천원샵이나 문구점에서 저렴한 것을 구입할 수 있다.
구입처는 유아쏘(www.youareso.co.kr), 텐바이텐(www.10x10.co.kr), 스탬프마마(www.stampmama.com)

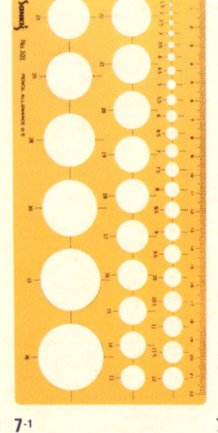  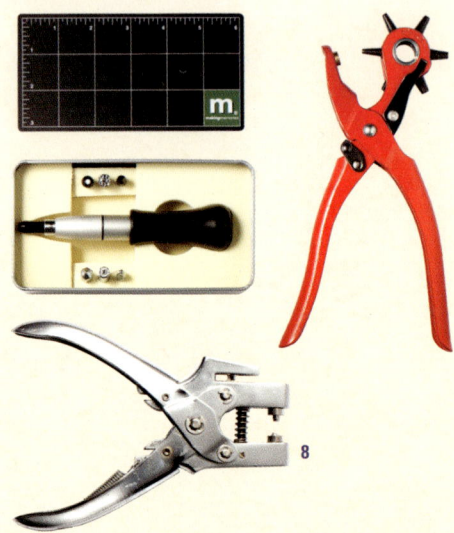

7-1   7-2   8

7. 모양자
1) **원형모양자** | 작은 원을 그릴 때 유용하다.
2) **봉투 · 상자자** | 상자, 봉투 등을 만들 때 사용하면 편리하다.

8. 아일렛펀치
구멍의 가장자리를 단단하게 하고 장식 효과도 주는 아일렛펀치. 구멍을 뚫고 아일렛을 박는 것이 분리된 펀치와 한 가지로 구멍도 뚫고 아일렛을 박을 수 있는 펀치 두 가지 종류가 있다.

9. 스탬프와 잉크
이니셜이나 메시지를 만들 수 있는 레터링 스탬프(알파벳, 한글, 숫자)와 원하는 모양대로 찍히는 모양 스탬프가 있다. 스탬프는 감성적인 느낌을 전하기 때문에 마음을 전하는 카드나 선물 포장에 많이 사용된다. 잉크는 종이에 찍는 잉크와 천에도 찍을 수 있는 잉크가 있다.

10. 할핀
머리 모양은 둥글고 그 아래 두 개의 핀이 겹쳐 있다. 우선 종이에 구멍을 뚫고 핀을 넣은 다음, 핀을 양쪽으로 벌리면 종이에 단단히 고정된다. 문구점에서 저렴한 가격에 구입할 수 있다. 요즘은 머리 모양의 디자인이 다양해 장식으로 활용한다.

11. 라인테이프
아주 가는 선을 그리고 싶을 때 펜을 사용하면 울퉁불퉁해서 깔끔하게 그려지지 않는다. 이럴 때 라인테이프를 사용하면 쉽고 깔끔하게 라인을 완성할 수 있다. 라인테이프의 굵기와 색이 다양하므로 원하는 사이즈에 맞춰 사용한다. 대형 문구점에서 구입할 수 있다.

12. 가위
1) **곡선가위** | 끝이 휜 가위는 곡선을 자를 때 편리하다. 대형문구점의 건축모형재료를 파는 코너에서 구입할 수 있다.
2) **가위** | 쉽고 간편하게 선을 자를 때 사용한다.
3) **핑킹가위** | 종이에 모양을 내며 자를 때 사용한다. 곡선, 지그재그형 등 모양이 다양하다. 문구점이나 대형 마트 문구 코너에서 구할 수 있다.

13. 스테이플러
종이 여러 장을 고정시키는 역할을 하므로 도안을 놓고 여러 장으로 자를 때 사용하면 편리하다. 여러 장을 겹쳐 스테이플러로 고정시킨 다음 도안을 따라 자르면 단시간에 여러 장의 도안을 얻을 수 있다.

14. 링 라벨
태그를 만들 때 구멍 뚫는 부분에 붙이면 끈이 당겨져서 종이가 찢어지는 것을 방지한다. 장식용으로도 응용할 수 있다.

15. 종이컵
소풍갈 때 음식 포장을 하거나 아이 간식을 담을 때 유용하다. 대형 마트나 대형 문구점에서 다양한 색과 패턴의 컵을 쉽게 구할 수 있다.

10

9

11

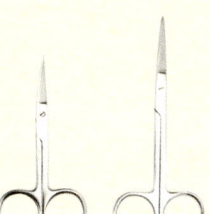

12-1   12-2    12-3

13

14

15

종이 재료 구입처

• 종이

1. 한가람문구
고속터미널 지하에 위치한 문구점. 8절부터 전지까지 여러 가지 종이를 다양한 사이즈로 낱장씩 구매할 수 있는 것이 가장 큰 매력이다. 일반 문구점에서 기본 컬러만 판매하는 색한지도 다양한 색으로 종류별로 구비되어 있다. 포장지와 리본, 가위와 칼 등 만들기에 필요한 기본 재료들도 모두 판매한다. www.hangaram.kr

2. 지상낙원(두성종이)
패브릭 느낌이 나는 종이, 입체적인 무늬가 새겨진 종이 등 대형 문구점에서도 구입하기 어려운 특이한 종이를 판매한다. 원하는 사이즈로 재단해주는 서비스를 실시하고 있어 필요한 만큼 구입할 수 있다.
www.paperangel.co.kr

3. 페이퍼조이
기본 종이부터 포장지까지 다양한 종이를 구입할 수 있

는 것은 물론 인터넷 주문이 가능해 한번 구입한 종이를 다시 구입하거나 혹은 종이의 재질과 두께를 확실히 알고 있는 경우에는 편하게 쇼핑할 수 있다. 이곳에는 특히 다양한 색을 가진 여러 종류의 하드보드지가 많고, 만들기에 유용한 펀치와 스탬프 종류도 한꺼번에 구입할 수 있다. www.paperjoy.co.kr

4. 알파문구
일반 사람들이 가장 편하게 방문하는 곳인 만큼 포장에 많이 사용하는 색지 종류(머메이드지, 디에스지 등)를 가장 쉽게 살 수 있다. 그 외에 만들기 기본 재료나 종이 테이프, 양면테이프 등을 구입할 수 있다.
www.alpha.co.kr

5. 페이퍼 모아
4천여 종의 종이를 만날 수 있는 종이 백화점이다. 페이퍼 갤러리를 운영하고 있어 평소 구입하기 힘든 독특한 종이를 구입할 수 있다. 특이한 프린트나 컬러를 가진 종이는 기본, 엠보싱 느낌을 가미해 입체적인 패턴이 살아있는 종이도 어렵지 않게 찾을 수 있다.
www.papermore.com

6. 고속터미널 3층 꽃시장
저렴한 가격으로 다양한 포장지를 구입할 수 있는 곳이다. 다만 1롤 단위로 팔기 때문에 소량으로 구입하기는 어렵다. 모든 종류의 리본을 구입할 수 있고 포장 봉투도 크기별로 구입 가능하다.

• 양면 패턴종이

1. 텐바이텐
문구 섹션에 통통 튀는 아이디어를 가진 제품이 많고 시중에서 볼 수 없는 포장지들도 다양하게 구입할 수 있다. 고속터미널 2층 꽃시장에서 1롤 단위로 파는 포장지도 1마 단위로 살 수 있어 편리하다. 그 외 평소 구입하기 힘든 양면 패턴종이나 독특한 문양의 스탬프, 재미난 스티커 등도 구비되어 있어 즐거운 쇼핑을 할 수 있다.
www.10x10.co.kr

2. 유아쏘
화려한 프린트와 컬러를 가진 양면 패턴종이(앨범 스크랩지)를 가장 많이 볼 수 있는 곳이다. 양면 패턴종이 뿐 아니라 마사스튜어트 펀치, 아이디어 스탬프와 스티커 등 스크랩북을 만들 때 필요한 모든 재료와 평소 보기 힘든 수입 재료와 도구들을 구입할 수 있다.
www.youareso.co.kr

3. 솔트앤페이퍼
5~10매로 구성된 양면 패턴종이 묶음이 많아 다양한 종류의 양면 패턴종이를 소량으로 구입하고 싶을 때 좋다. 특히 앨범과 어울리는 스티커 종류가 많이 구비되어 있어 세트로 꾸미는데 효과적이다. 아일렛, 엠보싱 스티커, 컬러 할핀 등 장식용 부자재도 구할 수 있다.
www.saltandpaper.co.kr

• 도일리

1. 룩팩
구하기 어려운 컬러 도일리를 판매하는 곳으로 이곳에서는 둥근 모양이 아닌 하트 모양의 도일리도 쉽게 찾아볼 수 있다. 또한 작고 간단한 종이 상자도 간편하게 구입할 수 있다. www.lookpack.co.kr

2. 도일리코리아
기본적인 원형, 사각 도일리 등 모든 사이즈로 찾아볼 수 있다. 30~2천 장까지 여러 가지 묶음을 저렴하게 구입할 수 있다. www.doilykorea.com

• 도구

1. nt커터닷컴
기본적인 칼과 롤러커터, 곡선커터, 아트 나이프, 가는 핀셋 등을 모두 구비하고 있다. 섬세한 작업에 필요한 다양한 칼을 어렵지 않게 구입할 수 있다.
www.ntcutter.com

2. 핸즈링크
기본 펀치와 마사스튜어트 펀치가 많다. 아름다운 문양을 가진 보더펀치, 코너펀치 등도 다양하게 만날 수 있다.
www.handslink.com

3. 스탬프 마마
수입 스탬프의 종류가 많고 계절별, 주제별로 잘 분류가 되어 있어 원하는 스탬프를 고르기 쉽다. 스탬프 잉크도 용도에 따라 여러 가지 찾아볼 수 있으며 양면 패턴종이나 모양펀치, 종이 관련 수입서적도 구입할 수 있다.
www.stampmama.com

PART 2

paper
Box & Bag

정성껏 선물을 준비하고도 포장 때문에
고민하는 경우가 참 많습니다.
작은 선물을 전하고, 감사의 마음을 표현할 때
내 손으로 준비하면 진심이 더욱 잘 전달될 거예요!
기본 상자와 봉투를 만드는 방법을 보여 드립니다.
선물하기 좋은 아이템을 기본 패키지에 담아 보세요.

1. Easy & Chic 종이상자
2. Simple & Trendy 종이봉투

종이상자를 이용한 선물 포장은
언제나 환영받는 아이템입니다.
어떤 물건을 넣어도 예쁘고, 누구에게 주어도
부담 없기 때문입니다.
하지만 기성품으로 나와 있는 종이상자는
크기와 형태가 정해져 있어 물건의 크기에 맞춰
담기 어려워 아쉬울 때가 많았지요?!

약간의 품과 센스를 더하면
얼마든지 맞춤형 기본 상자를 만들 수 있답니다.
종이의 다양한 소재와 응용 방법에 따라
자유자재로 변신하는 종이상자로 특별한 선물을
준비해 보면 어떨까요?

어려워하지 마세요!
당신의 마음을 빼앗아 버릴
쉽고 재미난 종이 포장법을 모두 공개할 테니까요.
자, 준비 되었나요?!

01 보랏빛 향기

가장 기본이 되는 종이 상자입니다. 어떤 선물을 준비해도 근사하게 어울리는
선물 포장법이지요. 종이의 재질과 선물을 고려해 다양한 상자를 만들 수 있답니다.
아련하고 수줍은 마음이라면 보랏빛, 정열적인 사랑이라면 붉은빛 상자를 만드세요.

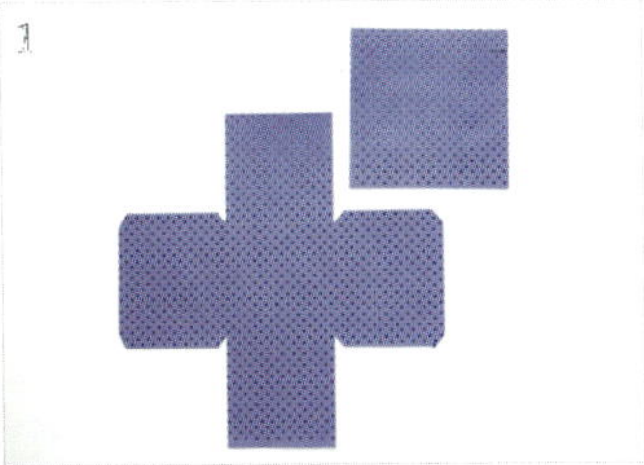

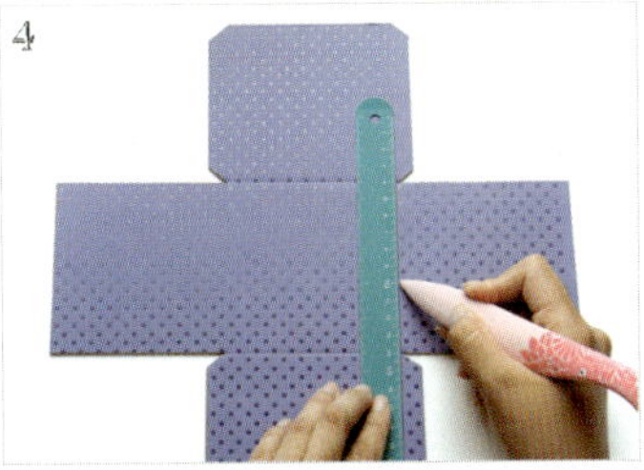

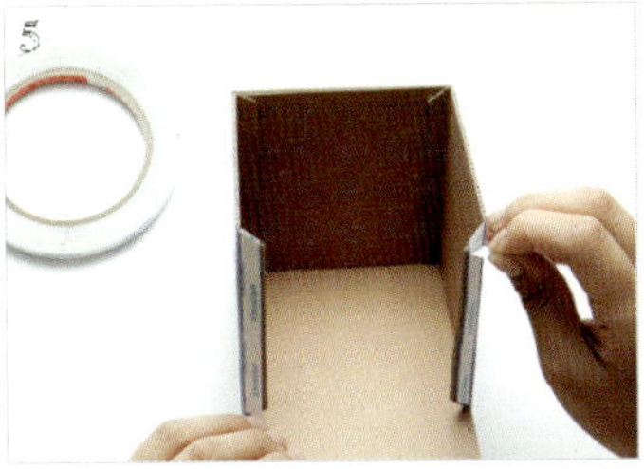

재료 가로 10 × 세로 10 × 높이 10cm
상자지, 버블지, 지끈, 라벨, 칼, 가위, 자, 본폴더
3M 스프레이풀, 양면테이프(또는 글루건)

1. 도안대로 버블지를 재단한다.
2. 재단한 상자지에 스프레이풀을 뿌려 재단한 버블지를 붙인다.
3. 재단 면을 따라 자른다.
4. 점선 표시를 따라 본폴더로 자국을 낸다.
5. 상자 모양대로 접어 시접을 양면테이프로 붙인다.
6. 뚜껑도 시접대로 접어 붙인 뒤 상자 위에 뚜껑을 덮어 완성한다.
7. 상자를 지끈으로 묶은 뒤 라벨을 끼워 리본을 맨다.

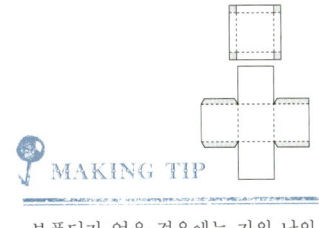

MAKING TIP

본폴더가 없을 경우에는 가위 날의
윗부분을 뒤집어 쓰거나 칼등을 활용
한다.

02 찰랑찰랑~ 사랑을 싣고

독특한 프린트가 있는 종이를 활용해 멋진 상자를 만들었어요.
뚜껑을 여는 동시에 선물이 튀어나오는 듯한 재미난 시간도 선사할 수 있어요.
양면 패턴종이는 양쪽의 프린트나 컬러가 다르기 때문에
상자를 열었을 때 또 다른 멋스러움을 전달할 수 있답니다.

재료 가로 7 × 세로 7 × 높이 7cm
양면 패턴종이, 반짝이줄, 칼, 자, 양면테이프

1. 도안대로 양면 패턴종이를 재단한다.
2. 몸통 부분은 시접을 따라 접는다.
3. 뚜껑 부분은 시접을 접어 양면테이프로 붙인다.
4. 몸통 위에 뚜껑을 덮어 고정시킨다.
5. ④에 선물을 담고 반짝이줄로 묶는다.

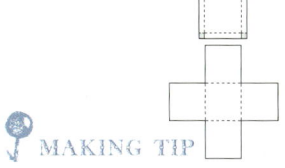

MAKING TIP

두꺼운 종이를 사용할 때는 뚜껑 부분을 도안보다 크게 만들어 주어야 사이즈가 잘 맞는다.

03 상자의 품격

구멍이 뚫린 타공지와 컬러 종이를 레이어드해 세련된 느낌을 주는 상자를 만들어 볼까요?
두 가지 컬러와 소재가 어우러져 색다른 종이의 매력을 감상할 수 있답니다.
액세서리나 문구 등 작은 선물 포장에 잘 어울려요.

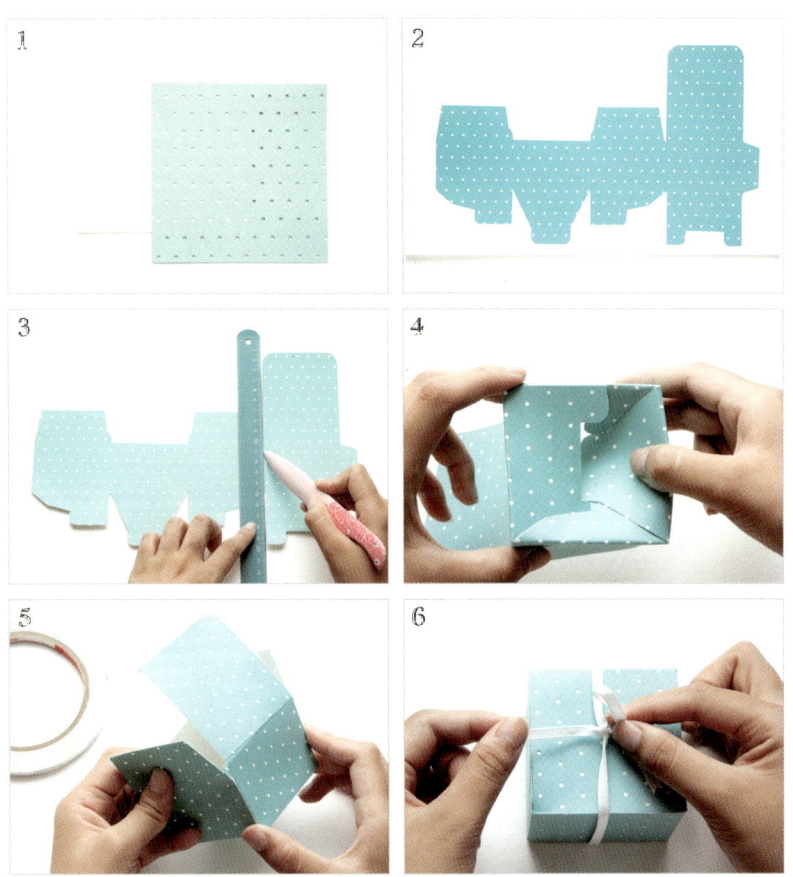

재료 가로 7 × 세로 7 × 높이 4.5cm
타공지, 머메이드지, 리본, 3M 스프레이풀 77, 양면테이프, 칼, 자, 본폴더

1. 타공지와 머메이드지를 준비한다.
2. 도안대로 타공지를 재단한 뒤 머메이드지 위에 올려 스프레이풀로 붙인다.
3. 타공지 사이즈에 맞게 자른 뒤 본폴더로 접는 부분을 표시한다.
4. 상자 모양을 접는다.
5. 시접을 양면테이프로 붙여 상자 모양을 완성하고 뚜껑도 접어 넣는다.
6. 리본을 한복 고름 매듯 묶는다.

MAKING TIP

상자를 만들 때는 조금 두꺼운 종이를 사용해야 모양이 잘 잡힌다. 타공지는 얇기 때문에 약간 두께감이 있는 머메이드지를 붙이면 좋다.

04 성냥갑 상자

옆으로 살짝 밀면 짠~ 선물이 등장합니다. 작고 귀여운 서랍을 응용한 깜찍한 선물 상자입니다.
서랍형 상자는 만들기도 쉽고 휴대도 간편해 다양한 이벤트에 활용할 수 있답니다.
반지나 귀걸이, 브로치 등 액세서리에 화려한 마음을 담아 선물해 보세요.

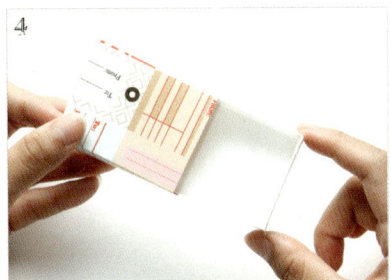

재료 가로 6 × 세로 4.5 × 높이 1.5cm
머메이드지, 양면 패턴종이, 칼, 자, 양면테이프

1. 서랍 부분인 머메이드지와 덮개 부분인 양면 패턴종이를 도안대로 재단한다.
2. 서랍 부분을 시접을 따라 접은 다음 양면테이프로 붙인다.
3. 덮개 부분을 접어 붙인다.
4. ③안에 ②를 넣어 완성한다.

MAKING TIP

도안을 몇 배로 확대한 다음 두꺼운 종이로 만들면 책상 위 소품을 정리할 수 있는 수납장이 완성된다.

05 큐티 보이

유년 시절을 떠올리게 하는 삼각 상자와 깃발을 이용해 아이의 선물을 준비해 보세요.
평범한 재료지만, 특별한 추억이 될 만한 마법을 발휘할 테니까요.
만들었을 때 삼각 모양이 잘 유지되는 두께감 있는 엠보지를 활용하면 더 예뻐요.

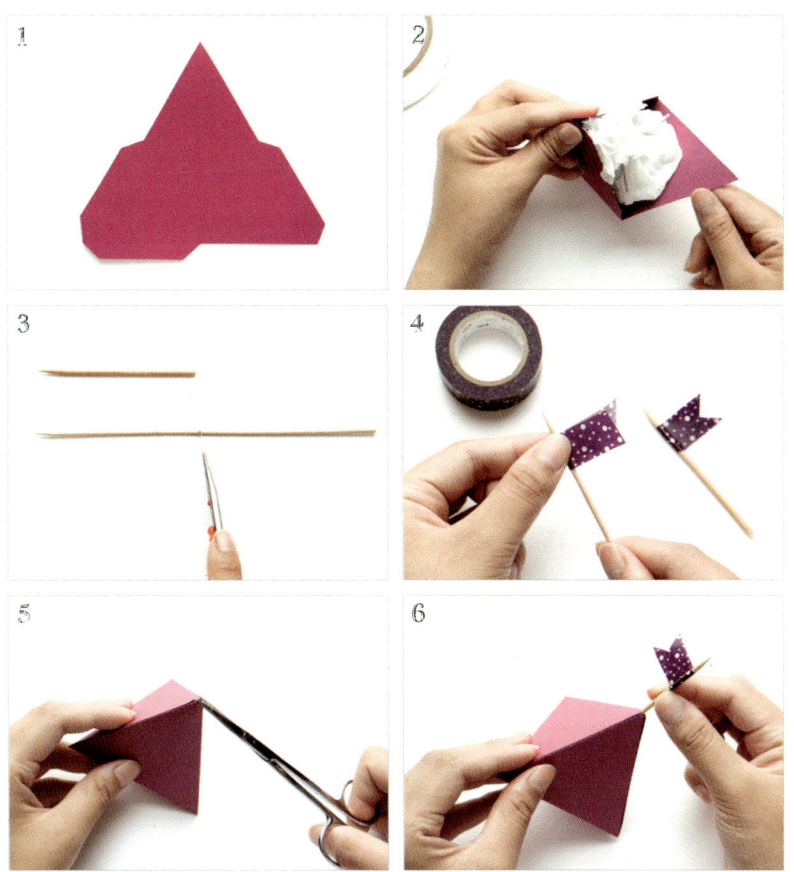

재료 가로 8 × 세로 8 × 높이 7cm
엠보지, 산적막대, 마스킹테이프, 양면테이프, 칼, 가위, 자

1. 도안대로 엠보지를 재단한다.
2. 내용물을 가운데 놓고, 시접 부분을 양면테이프로 붙여 삼각뿔 모양으로 고정한다.
3. 산적막대를 칼로 굴리면서 자른다.
4. ③위에 마스킹테이프를 양쪽으로 붙여 깃발을 만든다.
5. ②의 맨 윗부분을 가위로 약간 잘라 구멍을 낸다.
6. 깃발을 꽂아 완성한다.

MAKING TIP

무게감이 있는 제품을 넣을 때는 시접을 2cm 정도 넓게 여유를 준다.

06 넝쿨째 굴러온 당신

자, 이번에는 색다른 상자를 만들어 볼까요? 삼각뿔을 응용한 선물 상자입니다.
아이들이 좋아하는 색연필이나 크레파스, 알 초콜릿 등을 포장하기에 그만입니다.
윗부분을 단단히 봉합할 수 있어 아이들이 휴대해도 쉽게 망가지지 않아요.

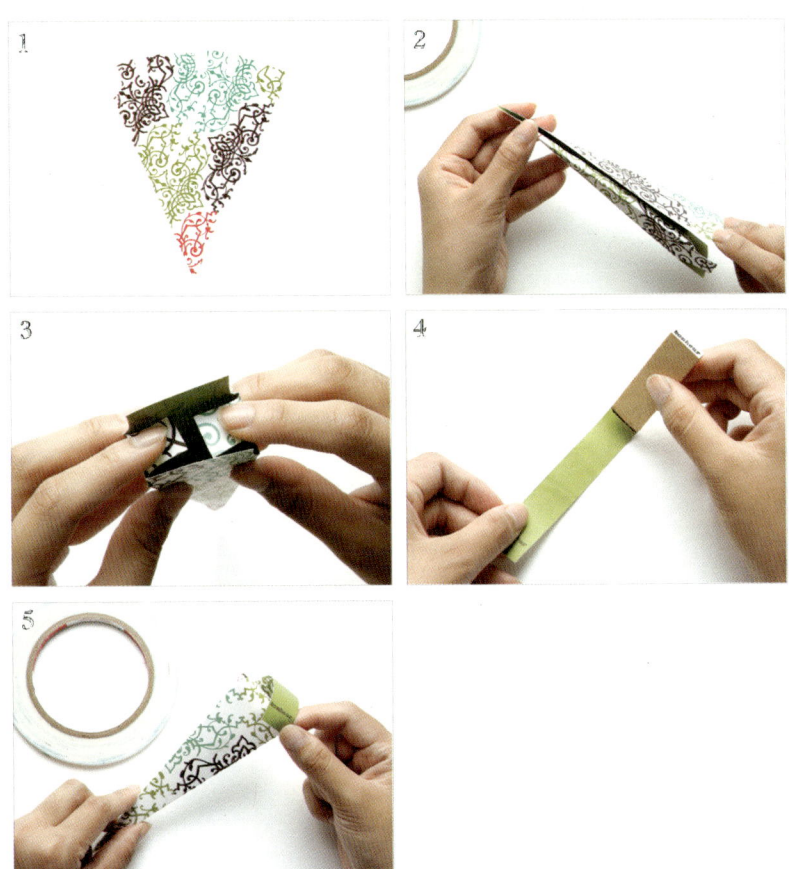

재료 넓이 4.5 × 길이 15 × 폭 2cm
양면 패턴종이, 양면테이프, 스탬프, 칼, 가위

1. 도안대로 양면 패턴종이를 재단한다.
2. 삼각뿔 모양으로 접어 시접을 양면테이프로 붙인다.
3. 윗부분을 양옆에서 먼저 접고 위아래로 접어 둔다.
4. 띠 부분을 도안대로 자른 뒤 스탬프를 찍거나 이니셜을 쓴다.
5. 띠를 ③의 앞에서 뒤로 연결해서 붙인다.

 **MAKING TIP**

윗부분의 양옆을 접어 끈을 연결한 뒤 위아래를 붙이면 손잡이가 있는 상자로 변형할 수 있다. 끈 대신 마스킹테이프를 붙여도 좋다.

07 로맨틱 하트

하트 모양이 부각된 선물 상자는 준비한 사람의 떨리는 마음을 전달해 주겠지요?
사랑하는 연인, 소중한 아이, 다정한 친구들….
상자 패키지 자체로 마음을 전달하는 색다른 이벤트가 될 것입니다.

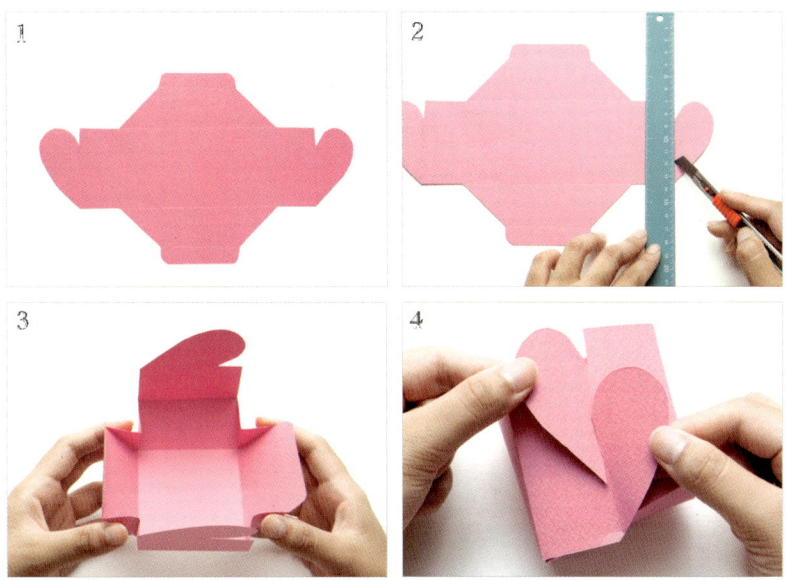

재료 가로 6.5 × 세로 6.5 × 높이 3.5cm
엠보지, 양면 패턴종이, 칼, 가위, 자

1. 도안대로 종이를 재단한다.
2. 심볼 부분(리본, 꽃)에 칼집을 낸다.
3. 점선대로 접는다.
4. 심볼 부분은 겹쳐서 끼운다.

MAKING TIP

양끝의 모양만 바꾸면 다른 심볼을 만들 수 있다. 대칭이 되는 모든 모양이 가능하다.

08 나는 강남 스타일

둥근 듯 하지만 네모지고, 네모진 듯 하지만 둥글게 마무리되는 반전이 돋보이는 선물 상자.
색다른 매력이 있는 상자에 도전해 보아요. 작고 형태가 자유로운 물건을 포장할 때 좋습니다.
상자의 반전 효과를 위해 양면에 다른 프린트가 새겨진 종이를 선택하세요.

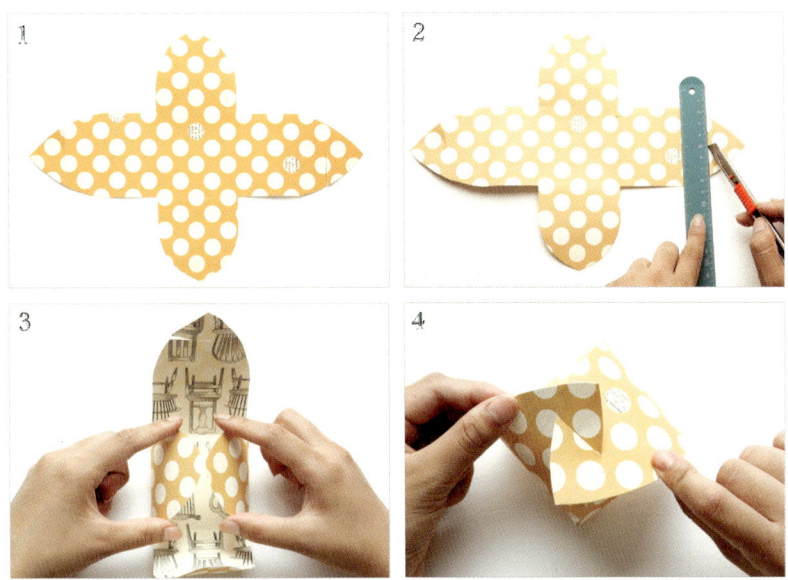

재료 가로 6.5 × 세로 6.5cm
양면 패턴종이, 칼, 자

1. 도안대로 양면 패턴종이를 재단한다.
2. 심볼 부분의 겹쳐질 부분은 칼집을 낸다.
3. 점선대로 접는다.
4. 윗부분의 칼집 부분을 겹쳐서 끼워 완성한다.

MAKING TIP

견고한 상자를 만들고 싶다면 색이 다른 머메이드지 2장을 스프레이풀로 붙여 사용한다.

09 오픈 트레이 상자

상자의 일반적인 형태를 탈피한 오픈 형 상자입니다.
조각 케이크나 쿠키 등 음식을 담아 선물하면 좋습니다. 레터링 유산지로 예쁘게 마무리하거나
리본으로 고정하면 간단하면서도 감각적인 포장이 완성됩니다.

재료 가로 8.2 × 세로 3 × 높이 3.5cm
머메이드지, 크라프트 포장지, 유산지, 칼, 가위, 자, 리본
양면테이프, 3M 스프레이풀

1. 머메이드지와 크라프트 포장지를 붙여서 도안대로 재단한다.
2. 시접을 따라 접은 뒤 양면테이프로 붙인다.
3. 유산지를 잘라 상자 모양에 맞추어 자른 다음 상자 속에 넣는다.
4. 선물을 넣고 유산지로 덮어 정리한 다음 리본을 둘러 위에서 묶는다.

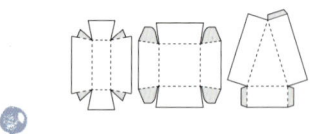

MAKING TIP

유산지는 기름을 흡수하지 않아 음식 포장할 때 속지로 사용하면 매우 좋다. 유산지가 없을 때는 종이포일을 이용한다.

10 아름다운 그대에게

스카프나 손수건, 양말, 넥타이는 누구나 쉽게 하는 선물 리스트입니다.
자주 선물하는 아이템인 만큼 상자에 변화를 주는 건 어떨까요?
별다른 부자재나 복잡한 기술 없이 종이 하나만으로 특별함이 완성되는 선물 상자입니다.

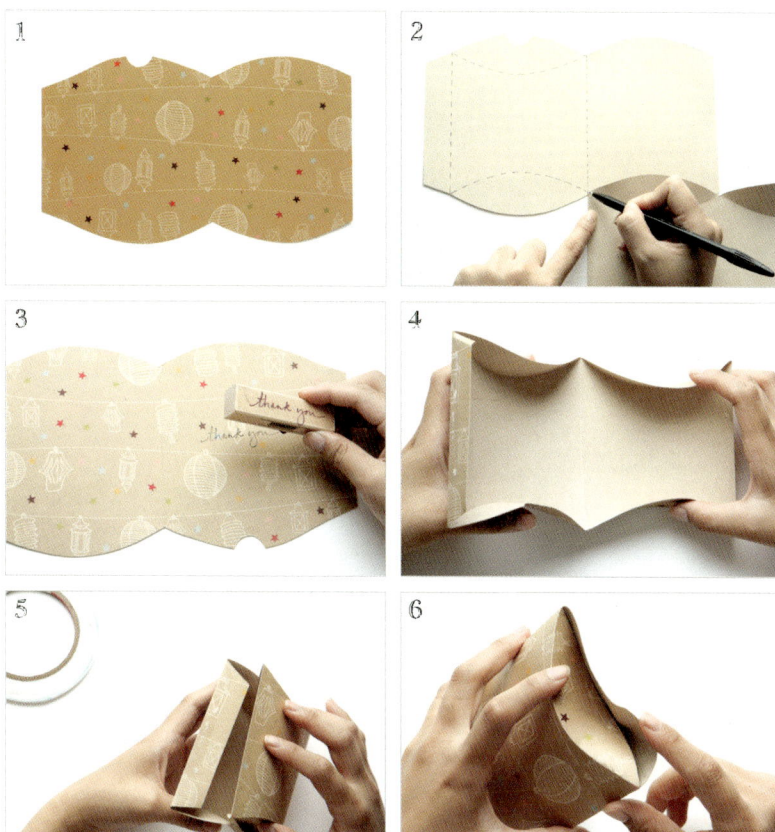

재료 가로 11 × 세로 12.5cm
양면 패턴종이, 양면테이프, 스탬프, 칼, 가위, 자

1. 도안대로 테두리 선을 그린다.
2. 도안을 뒤집어 대고 안쪽에 점선 표시를 한다.
3. 겉면에 스탬프를 찍는다.
4. 위아래 둥근 부분을 먼저 접는다.
5. 반 접어 옆면을 붙인다.
6. 위아래 부분을 겹쳐서 마무리한다.

MAKING TIP

반원 모양의 상자이므로 상자를 접기 전에 스탬프를 찍거나 스티커를 붙인다.

11 우유가 좋아

우유팩 모양을 응용한 선물 상자입니다.
볼록거리는 촉감을 주고 싶다면 엠보싱 처리가 된 패턴종이를 사용하면 OK!
뚜껑을 끈으로 고정시키는 상자여서 여러 번 다시 사용할 수 있답니다.

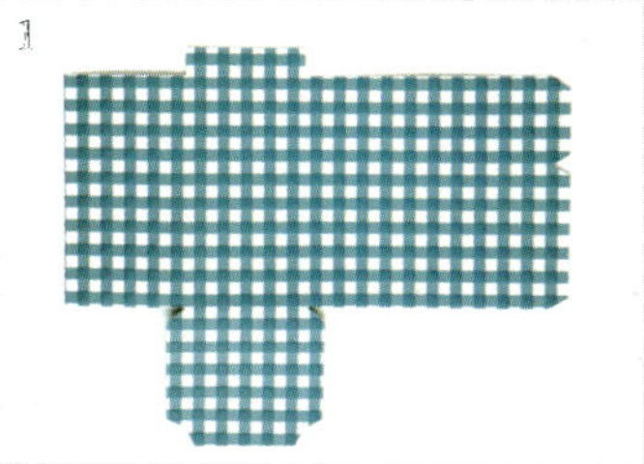

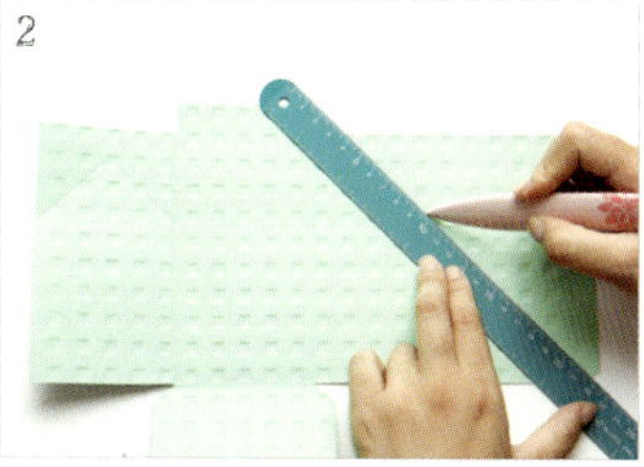

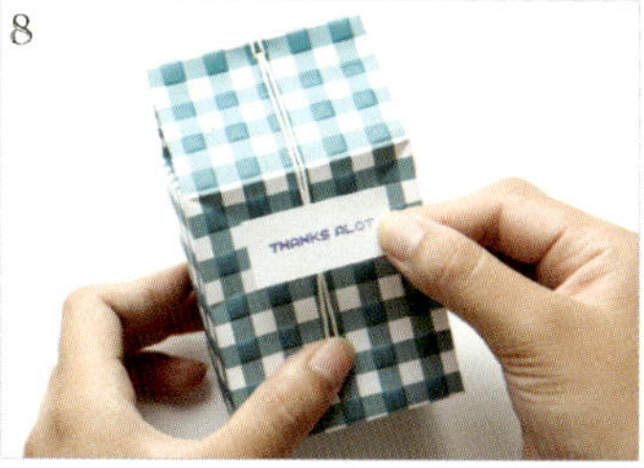

재료 가로 7 × 세로 7 × 높이 11.5cm
엠보싱 패턴종이, 도화지, 면끈, 양면테이프, 펀치, 본폴더, 칼, 자

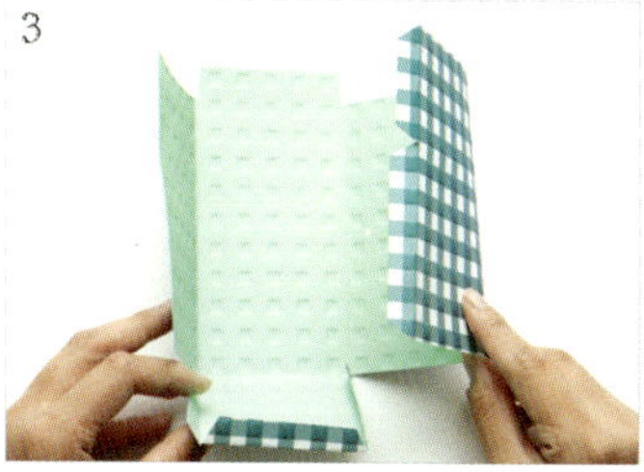

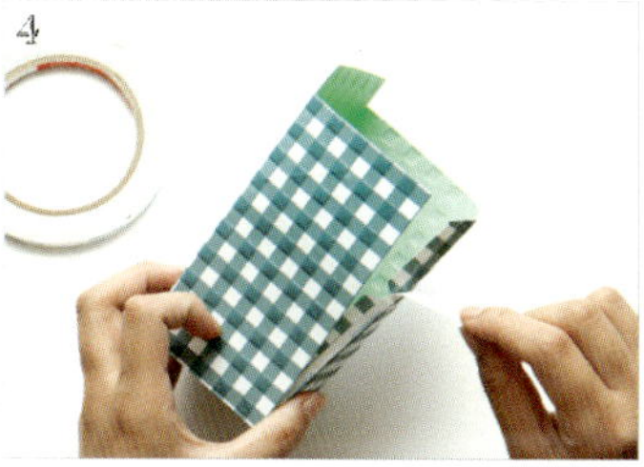

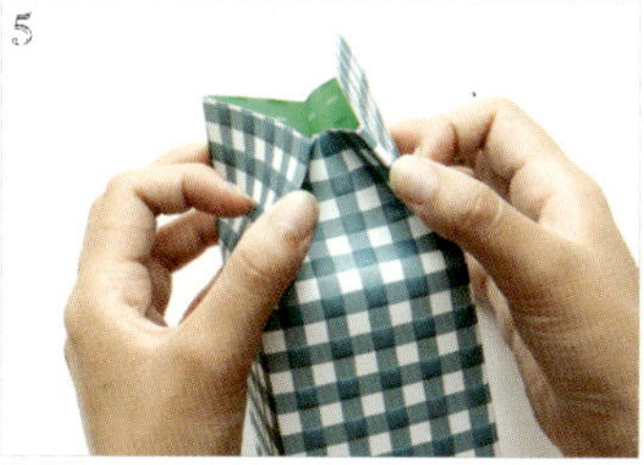

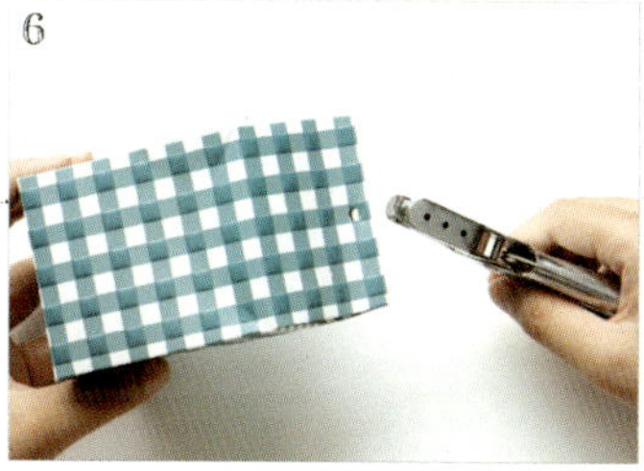

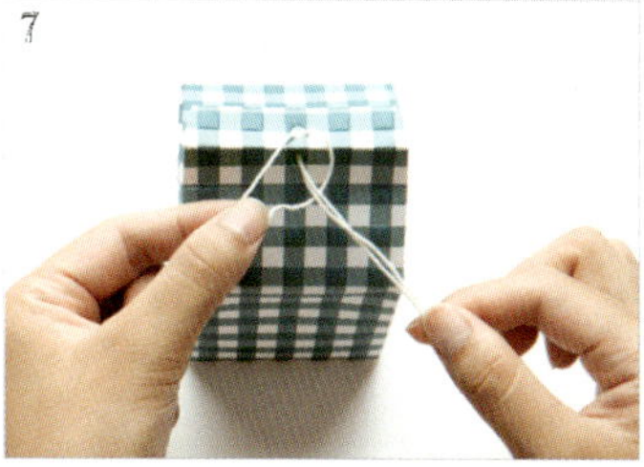

1. 도안대로 엠보싱 패턴종이를 재단한다.
2. 점선 부분은 본폴더로 자국을 낸다.
3. 옆면, 아랫면을 접는다.
4. 양면테이프로 붙인다.
5. 점선대로 윗부분의 삼각 면을 안으로 밀어 넣어 우유팩 모양으로 접는다.
6. 여밈 부분 가운데를 펀치로 구멍을 뚫는다.
7. 면끈을 끼워 고정시킨다.
8. 면끈에 도화지를 잘라 붙인다.

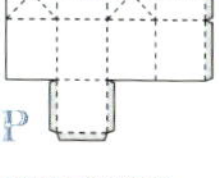

MAKING TIP

삼각 면은 반드시 본폴더로 자국을 내야 잘 접을 수 있다.

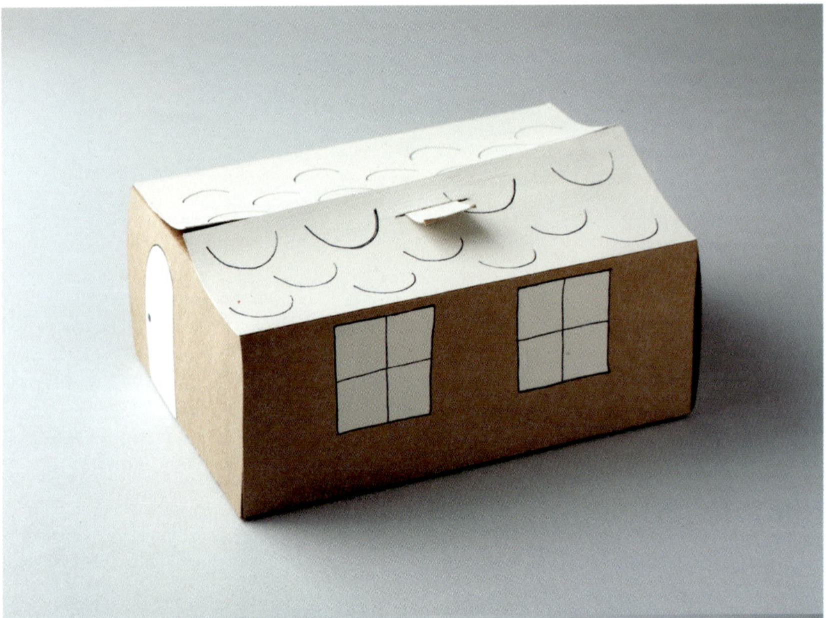

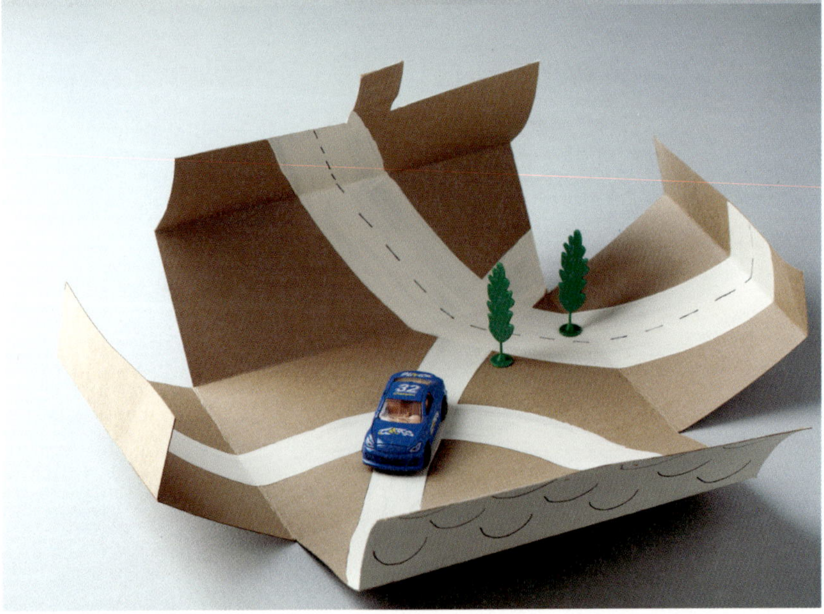

12 그대는 트랜스포머

상자의 변신은 무죄! 아이들이 좋아할 만한 깜짝 선물을 준비했어요.
귀여운 상자를 이용해 아이의 상상력을 자극하는 선물을 만들어 볼까요.
평범해 보이는 상자가 자동차 도로로 변신하는 마술 상자!
즐거운 오락 시간을 즐겨 보세요.

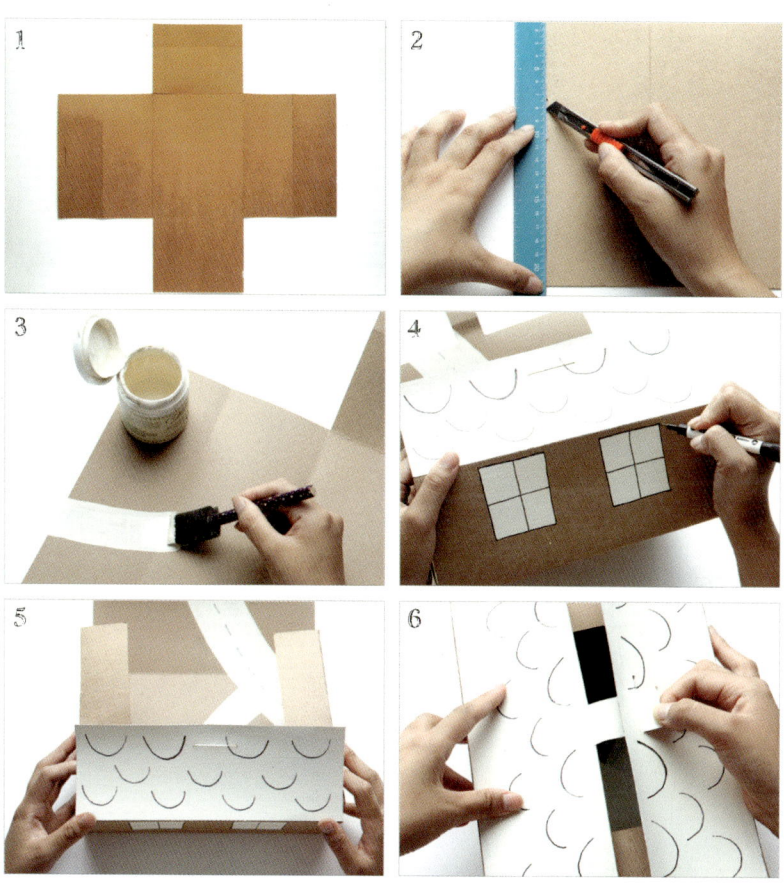

재료 가로 25 × 세로 18 × 높이 10cm
크라프트지, 수성페인트(또는 아크릴물감), 붓, 매직펜, 칼, 가위, 자

1. 도안대로 크라프트지를 재단한다.
2. 겹쳐지는 부분은 칼집을 넣어 끼울 수 있게 만든다.
3. 안쪽에 수성페인트로 도로 모양을 그린다.
4. 겉쪽에 수성페인트와 매직펜으로 집 모양을 그린다.
5. 다 말린 후 절취선을 따라 상자를 접는다.
6. 겹치는 부분을 끼워 완성한다.

MAKING TIP

페인트를 말린 후 책 등 무거운 것을 올려 두었다가 상자를 접으면 종이가 휘어지는 것을 방지할 수 있다.

13 꽃보다 상자

쿠키나 사탕 등 해외에서 구입한 선물은 그냥 건네자니 볼품없어 보일까 봐 은근 고민되지요.
이럴 때 작고 어여쁜 상자는 꽃보다 아름다운 포인트가 되어 줄 것입니다.
패턴이 예쁜 종이를 활용하면 종이의 분위기에 따라 이국적인 상자를 완성할 수 있답니다.

¹⁴ 러블리 데이

밸런타인데이에 잘 어울리는 포장법이에요.
리본으로 입구를 묶어 마무리하는 포장이지만 안쪽에서 입구를 한 번 더 고정해주므로
내용물이 쏟아질 염려가 없답니다.

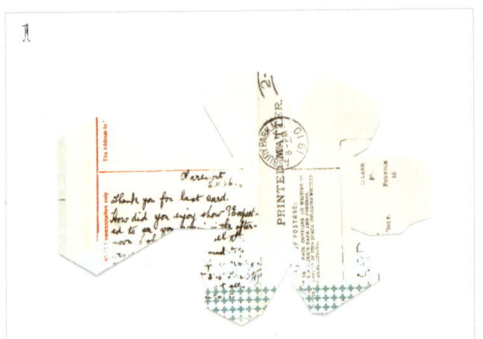

MAKING TIP

뚜껑 부분의 모든 면에 시접을 주면
견고한 상자를 만들 수 있다.

재료 폭 3.5 × 높이 3cm
양면 패턴종이, 양면테이프, 칼, 가위, 자

1. 도안대로 양면 패턴종이를 재단한다.
2. 각 옆면을 시접대로 접어 양면테이프를 붙인다.
3. 몸통 부분의 시접을 안쪽으로 접는다.
4. 뚜껑 부분도 접어 완성한다.

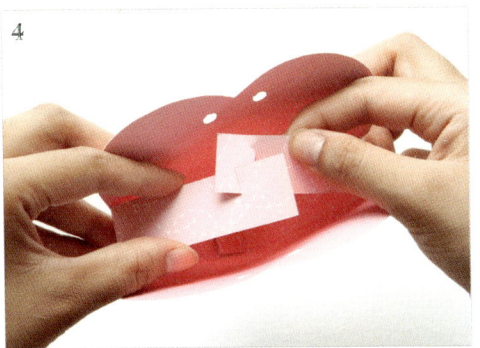

재료 가로 12 × 세로 9.5 × 폭 2.2cm
양면 패턴종이, 양면테이프, 펀치, 리본, 칼, 가위, 자

1. 도안대로 양면 패턴종이를 재단하고 펀치로 구멍을 뚫는다.
2. 시접을 접는다.
3. 양면테이프로 옆면을 붙인다.
4. 안쪽 가운데를 끼운다.
5. 구멍에 리본을 묶어 고정시킨다.

MAKING TIP

부피가 있는 선물을 넣을 때는 도안 옆면 폭을 늘린다. 윗부분을 겹쳐 끼워 1차 고정한 뒤 리본을 묶으면 완벽하게 밀봉할 수 있다.

Simple &
Trendy
종이봉투

친구끼리, 이웃끼리 간단하게 선물을 주고받을 때,
유용하게 사용할 수 있는 종이봉투.
다양한 사이즈의 종이봉투는 일상에서 많이 사용하는 실용적인 아이템이지만 내 마음에 쏙 드는 예쁘고 독특한 종이봉투를 찾기란 참으로 어렵습니다.
이럴 때 쉽게 구입할 수 있는 종이로
특별한 종이봉투를 직접 만들어 보면 어떨까요?
도안을 활용하면 간단한 종이봉투부터
패턴종이를 활용한 화려한 봉투까지 얼마든지
내 손으로 만들 수 있습니다.

준비하는 사람은 기대에 들뜨고
받는 사람은 특별한 기쁨을 경험할 수 있는
소중한 시간이 될 것입니다.

15 맞춤 쇼핑백

예쁜 쇼핑백을 받으면 아까운 마음에 보관하게 되지요?
기본 종이봉투인 쇼핑백은 그만큼 크기와 종이 패턴에 따라 색다른 멋을 풍깁니다.
기본 쇼핑백은 모양보다는 종이의 프린트를 다양하게 골라 그때마다
색다른 분위기로 연출하면 좋습니다.

재료 가로 10 × 세로 12cm

양면 패턴종이, 지끈, 가위, 아일렛펀치, 송곳, 양면테이프

1. 도안대로 양면 패턴종이를 재단한다.
2. 윗부분 시접을 먼저 접는다.
3. 자른 부분의 옆 시접을 접는다.
4. 옆 시접에 양면테이프를 붙인 후 ②에 끼워 넣는다.
5. 밑면을 도안에 표시된 점선대로 접는다.
6. 접은 아랫부분은 벌려 삼각으로 접는다.
7. 밑부분을 표시된 선만큼 접어 양면테이프로 붙여 완성한다.
8. 옆면을 안으로 접어 부피감을 살린다.
9. 윗부분을 펀치로 뚫는다.
10. 아일렛을 박는다.
11. 지끈을 잘라 끝부분을 2번 정도 묶어 구멍에 끼운다.

MAKING TIP

봉투를 접을 때 윗부분을 먼저 접어야 옆 시접을 구기지 않고 접어 넣을 수 있다.

¹⁶ 모던 봉투

스타일리시한 봉투를 만들고 싶다면 강렬한 프린트를 활용해 보세요.
재미난 봉투를 만들고 싶다면 독특한 캐릭터나 레터링 프린트를 추천합니다.
종이봉투 입구에 벨크로테이프를 붙이면 봉투를 여닫는 것이 편리해요.

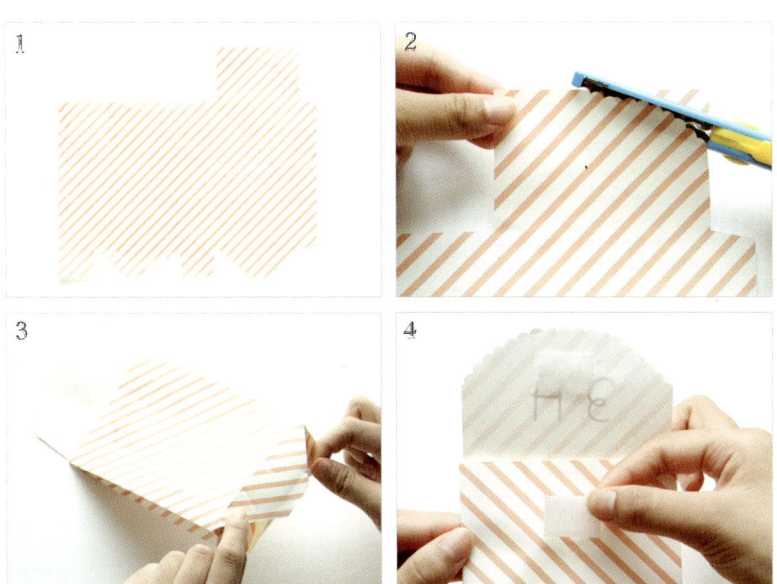

재료 가로 10 × 세로 4 × 높이 17cm
포장지, 벨크로테이프, 핑킹가위, 칼, 가위, 자

1. 도안대로 포장지를 재단한다.
2. 뚜껑 부분은 핑킹가위로 자른다.
3. 도안에 있는 점선을 따라 봉투 모양으로 접는다.
4. 뚜껑 부분 안쪽과 봉투가 닿는 부분에 벨크로테이프를 붙인다.

MAKING TIP

롤로 판매하는 벨크로테이프를 원하는 크기로 잘라 사용한다. 요즘은 작은 스티커형도 있어 편리하다.

¹⁷ 레드 홀릭

포인트가 되는 빨간 리본이 괜스레 마음을 두근거리게 하지요?
봉투는 작고 가볍지만 물건을 넉넉히 수납할 수 있어요.
아이의 잡동사니를 모아두거나 간단한 선물을 주고받기에 실용적이랍니다.

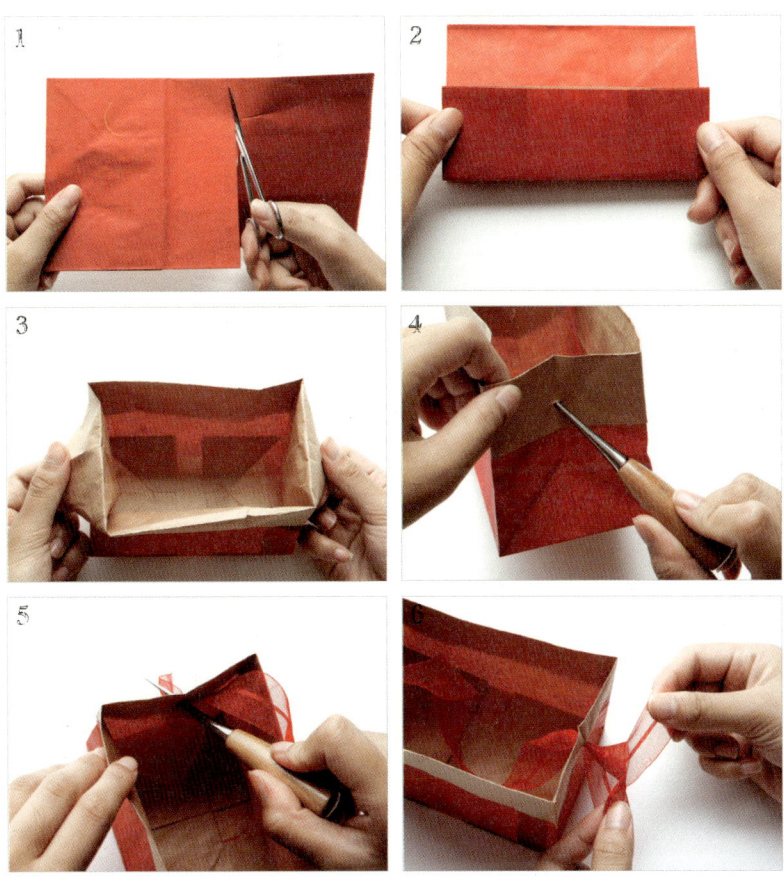

재료
종이봉투, 리본, 송곳, 가위, 풀

1. 종이봉투 위쪽을 잘라낸다.
2. 윗부분을 먼저 2~3번 접는다.
3. 접은 부분을 다시 펴서 바깥쪽으로 접는다.
4. 양옆에 송곳으로 구멍을 뚫는다.
5. 송곳을 이용해 구멍에 리본을 넣고 2~3번 꼬아 매듭을 만들어 구멍에 빠지지 않도록 한다.
6. 나머지 한쪽에도 리본을 끼우고 묶어 완성한다.

 MAKING TIP

펀치로 구멍을 뚫으면 구멍이 너무 커서 리본으로 고정하기 어려우므로 송곳을 사용한다.

⌜18 봉투의 꿈⌟

기본 봉투는 여미는 방법에 따라 분위기가 아주 달라집니다.
아일렛펀치로 구멍을 뚫으면 리본을 바꿔 끼울 수 있어 색다르게 연출할 수 있어요.
여러 가지 소품을 콜라주하면 팝아트적인 요소가 부각되어 좀 더 트렌디한 감각을 선물할 수 있답니다.

재료
종이봉투, 아일렛, 아일렛펀치, 리본, 다양한 태그(또는 엽서)

1. 종이봉투 윗부분을 접어 태그와 함께 잡고 펀치로 구멍을 낸다.
2. 아일렛과 아일렛펀치를 준비한다.
3. 아일렛펀치로 구멍에 아일렛을 박는다.
4. 리본을 끼워 완성한다.

 **MAKING TIP**

마음에 드는 그림을 찾아 뒷면에 머메이드지를 붙인 뒤 봉투 입구와 함께 접어 펀치를 뚫어도 예쁘다.

¹⁹ 살아있네, 그대의 센스

위트와 감각으로 버무려진 핸드백 모양이 여느 명품 백 부럽지 않답니다.
빳빳하게 코팅된 종이를 선택하고, 양면 프린트를 선택하면 안과 밖이 강렬한 대비를 이루어
색다른 재미와 스타일을 느끼게 하는 포인트가 됩니다.

재료 가로 11 × 높이 7.6 × 폭 3.3cm
양면 패턴종이, 양면테이프, 칼, 가위, 자

1. 도안대로 양면 패턴종이를 재단한다.
2. 도안의 표시된 점선대로 옆면을 접어 양면테이프를 붙인다.
3. 입구 부분을 접어 붙여 완성한다.

MAKING TIP

봉투 폭을 크게 하고 싶다면 본의 폭 부분과 입구 부분의 둥근 마감 부분 사이즈도 키운다.

²⁰ 그리움이 쌓이네

그리움을 담아 보내는 봉투입니다. 보내는 사람의 마음이 한눈에 들여다보이는 선물이 되겠지요?
선물을 고려해 봉투의 컬러와 프린트를 결정하면 훨씬 더 감각적이죠.
손수건, 스카프 등 패브릭 아이템도 잘 어울립니다.

재료 가로 9 × 세로 18cm
양면 패턴종이, 반짝이풀, 양면테이프, 리본, 칼, 가위, 자

1. 도안대로 재단하고, 가운데 부분을 타원형 모양으로 잘라낸다.
2. 도안의 넓은 면이 안쪽으로 들어가도록 접어 양면테이프로 붙인다.
3. 선물을 넣고 윗부분에 리본을 끼울 칼집을 낸다.
4. 칼집 부분에 리본을 넣고 묶는다.
5. 타원형 모양 가장자리를 반짝이풀로 장식한다.

MAKING TIP

반짝이풀로 장식한 후에는 완전히 마를 때까지 만지지 않아야 입체적으로 표현할 수 있다.

Simple & Trendy 종이공부 | Paper Box & Bag

69

²¹ 오직 너뿐

다양한 패턴종이로 세상에 하나 밖에 없는 멋진 봉투를 만들 수 있어요.
주어진 도안을 활용해 원하는 크기의 봉투를 자유자재로 제작할 수 있는 것은 물론
때에 따라, 또 선물의 분위기에 따라 색다른 봉투를 만들어 선물할 수 있답니다.

재료 가로 7.2 × 세로 11cm, 가로 9 × 세로 19cm
디에스지(또는 포장지), 할핀, 자수실, 딱풀, 송곳, 칼, 가위, 자

1. 디에스지를 도안대로 재단한다.
2. 봉투 모양으로 접어 딱풀로 붙인다.
3. 남은 종이를 동그라미 모양으로 2개 자른 다음 가운데를 송곳으로 뚫어 구멍을 낸다.
4. 구멍에 할핀을 끼운다.
5. 할핀을 끼운 동그라미를 봉투에 끼운 다음 할핀을 벌려 고정한다.
6. 한쪽 동그라미에 자수실을 묶고 위아래로 엮어 고정한다.

MAKING TIP
실을 엮을 때 11자나 X자로 엮어 다양하게 모양을 만든다.

Hello Paper

72

22 내 친구의 집

봉투에 있는 장난스런 창문을 보며 아이와 함께 이야기를 만들어 볼까요?
선물에 대해 남다른 추억을 간직할 수 있는 기회가 되어 줄 것입니다.
종이를 2겹으로 겹쳐 넣으면 무게감 있는 선물도 얼마든지 견딜 수 있습니다.

재료
종이봉투, 속봉투, 도화지, 칼, 양면테이프

1. 창문 모양을 낼 봉투 안에 도화지를 임시로 끼워 넣는다.
2. 칼로 창문 모양을 판다.
3. 도화지를 빼고 속봉투를 안쪽에 한 겹 더 넣는다.
4. 입구를 1cm 접어 붙인다.
5. 양쪽에서 삼각 모양으로 접어 지붕 모양을 만들어 붙인다.

 MAKING TIP

선물 높이에 따라 창문의 위치를 정한다. 선물이 작으면 중앙보다 아랫쪽에, 선물이 크고 길쭉하면 위쪽에 창문을 만든다.

23 봉투의 품격

만든 사람의 탁월한 감각을 느끼게 되는 근사한 봉투가 여기 있어요.
베이커리에서 흔히 얻을 수 있는 코팅이 되지 않은 종이의 부드러움은 살려 주면서 이색적인 손잡이로 스타일을 완성했어요. 스탬프를 활용한 센스 있는 봉투로 가벼운 선물을 담으세요.

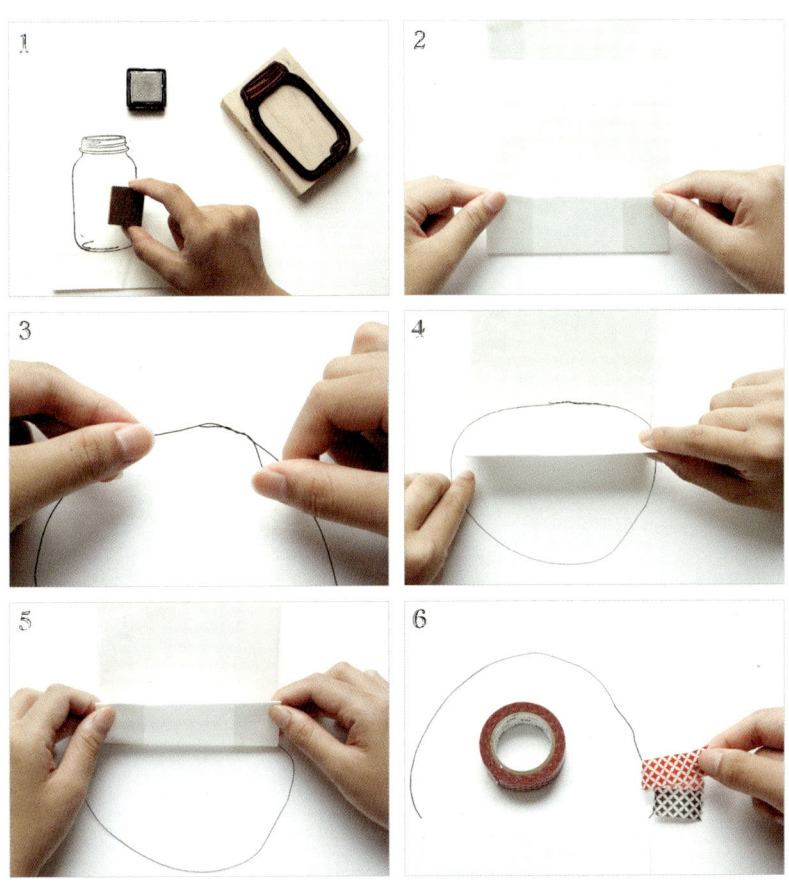

재료
종이봉투, 스탬프, 철사, 마스킹테이프, 풀, 가위

1. 봉투에 스탬프를 찍는다.
2. 선물을 넣고 입구 부분을 접는다.
3. 철사를 둥글게 만들어 끝을 꼬아 원을 만든다.
4. 철사를 ②의 안쪽에 넣는다.
5. 종이를 접어 붙인다.
6. 철사 한 쪽에 마스킹테이프를 붙인다.

MAKING TIP

가는 철사는 전문 도구 없이 가위로 쉽게 잘라지므로 손쉽게 사용할 수 있다.

Hello Paper

²⁴ 내 친구는 멍멍

아이들이 좋아하는 동물 친구의 얼굴로 개성 넘치는 봉투를 만들어 볼까요?
보기만 해도 웃음이 나오는 캐릭터 봉투는 친구들과 추억을 나누게 도와줘요.
손장난감으로 인형극을 열어도 재미있어요.

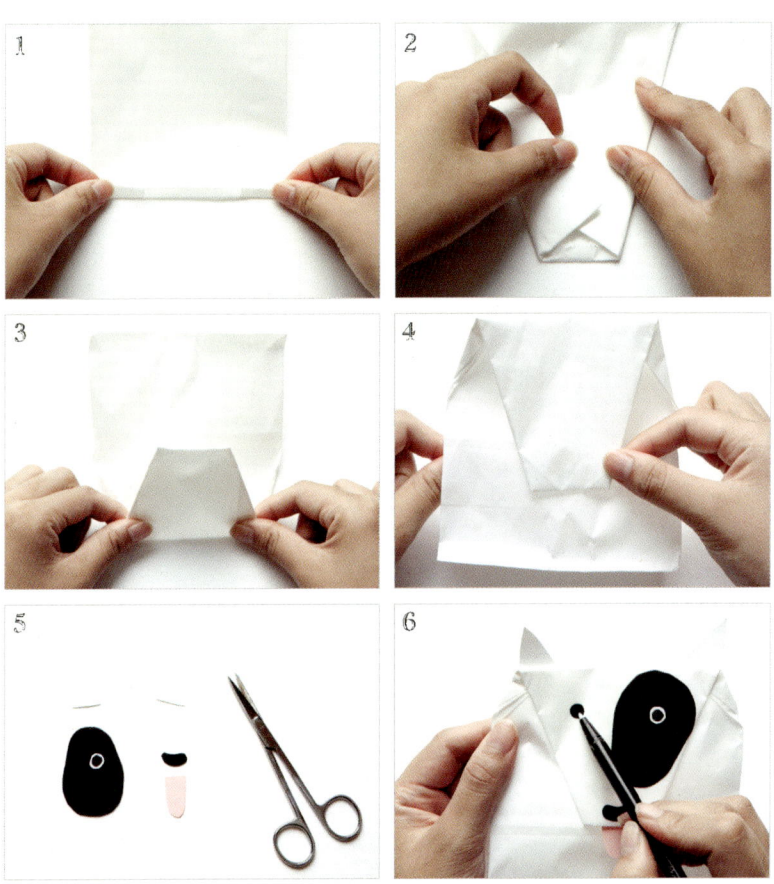

재료

종이봉투, 머메이드지, 풀, 가위, 사인펜

1. 봉투 윗부분을 1cm 정도 접는다.
2. 봉투의 양 옆을 삼각 모양으로 겹쳐 접는다.
3. 겹쳐 접은 종이를 아래로 접어 내린다.
4. 앞에서 보면 얼굴 모양의 형태가 완성된다.
5. 머메이드지로 눈, 귀, 혀 등을 그려 자른다.
6. 사인펜으로 눈을 그리고 나머지는 풀로 붙여 완성한다.

MAKING TIP

동물 모양을 장식하는 종이는 너무 얇은 색종이보다는 머메이드나 디에스지 등 두께감이 있는 색지를 고른다.

25 마음을 열어줘

가슴이 설레는 작은 봉투 하나. 그대의 마음을 흔드는 작은 바람이 될 수 있을까요?
편지봉투로 활용하기 좋은 사각 봉투를 만들어 봤어요. 반투명 마스킹테이프를 활용할 때는
예쁜 속지로 봉투 속 내용물을 한번 더 감싸면 속지의 프린트가 은은하게 비쳐 고급스러워요.

재료
마스킹테이프(랩 형), 스티커, 리본, 씰, 가위

1. 마스킹테이프를 접어 봉투를 만든다.
2. 봉투 입구의 시접을 사선으로 잘라 접은 뒤 봉한다.
3. 스티커를 붙인다.
4. 리본을 묶는다.
5. 씰을 찍어 장식한다.

 MAKING TIP

허니콤 종이를 넣으면 비치지도 않고 폭신한 느낌을 더할 수 있다. 랩 형 마스킹테이프는 양면에 접착력이 있어 반으로 접기만 해도 봉투가 된다.

Simple & Trendy 종이포투 | Paper Box & Bag

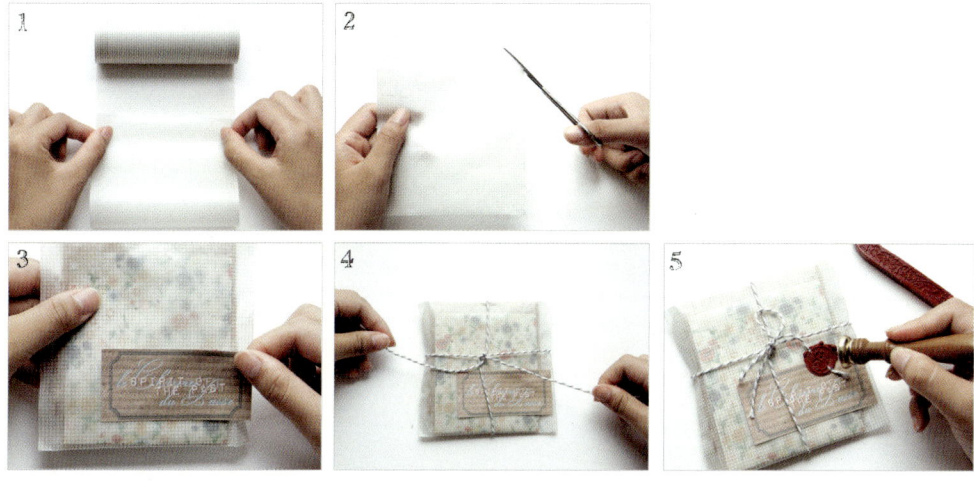

26 우리들의 축제

종이컵에 뚜껑을 만들어 특별한 봉투를 선물해 봐요.
뚜껑이 있어 아이들의 간식이나 블록, 퍼즐 등을 담아 보내기에 그만이랍니다.
생일파티 날 핑거푸드를 담는 접시로 이용해도 재밌어요.

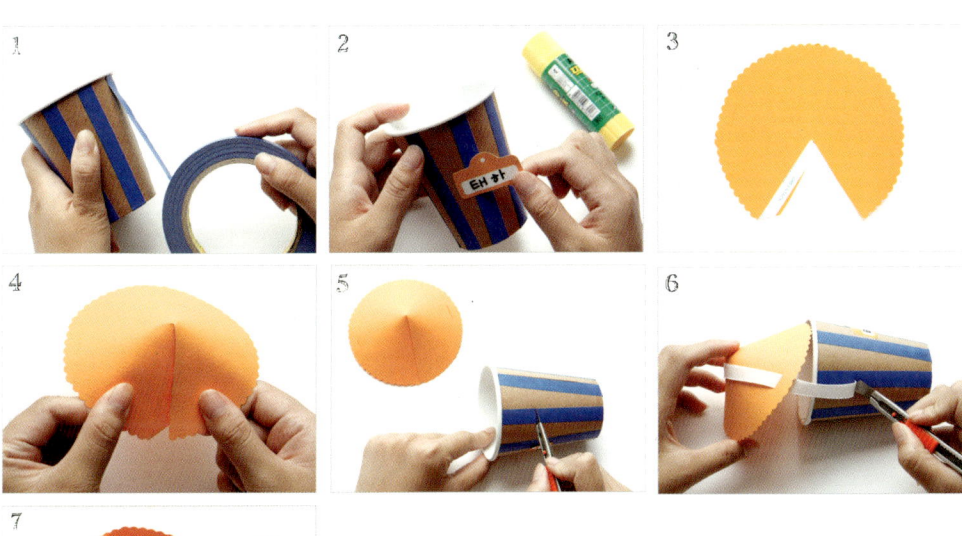

재료 가로 8.4 × 세로 5.9 × 높이 11.7cm
컬러 종이컵, 머메이드지, 종이테이프, 문자스티커
양면테이프, 리본, 글루건, 칼, 가위, 딱풀

1. 컬러 종이컵에 종이테이프를 일정한 간격으로 붙여 장식한다.
2. 앞쪽에 문자스티커를 붙이고 이름을 쓴다.
3. 도안대로 머메이드지를 재단해 뚜껑을 만든다.
4. 뚜껑을 양면테이프로 붙여 고깔 모양으로 만든다.
5. 뚜껑과 종이컵에 리본을 끼울 칼집을 낸다.
6. 칼집을 낸 뚜껑과 종이컵 양쪽에 리본을 끼운다.
7. 끈을 컵 안쪽에서 글루건으로 붙인다.

칼집은 리본 폭보다 0.2cm 정도만 크게 내는 것이 포인트. 너무 크면 헐렁해서 고정이 잘 되지 않는다.

PART 3

paper
Decoration

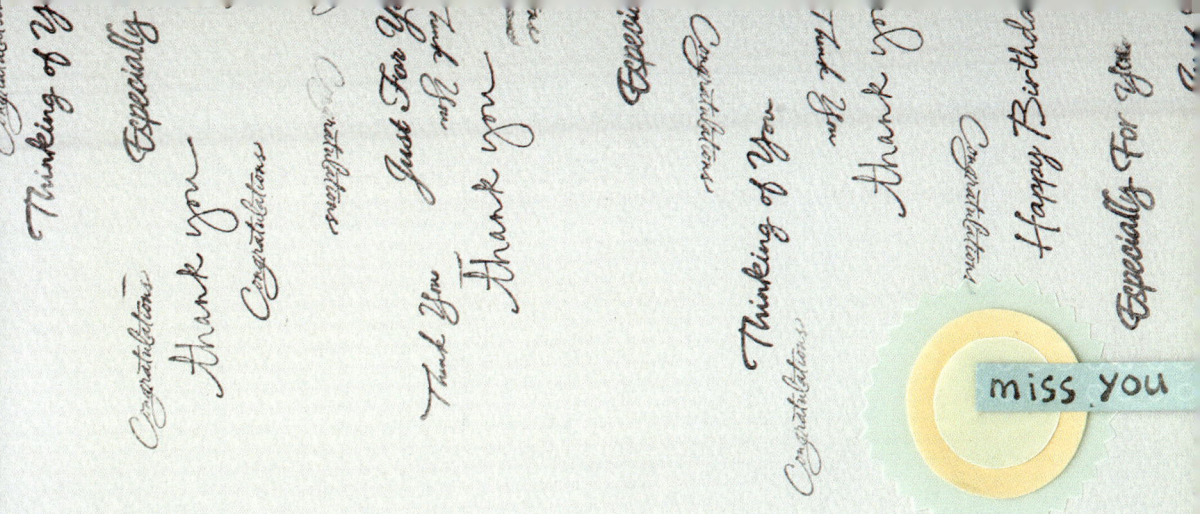

작은 선물을 전할 때, 우리는 고마움을 담아 선물 포장을 합니다. 상자에 포장지를 싼 뒤에도 왠지 모를 헛헛함이 남았다면 팝업 장식으로 센스를 발휘해 보세요.
포장 전문코너에 가지 않아도 얼마든지
나만의 스타일을 더할 수 있어요.
어릴 적 즐겨하던 종이접기와 도장찍기 등을 활용한
쉽고 간단한 종이 공작실로 초대합니다!

1. Funny & Fresh deco 팝업 스타일
2. Shinny & Trendy deco 레터링 스타일
3. Friendly & Soft deco 종이테이프

Funny & Fresh deco

팝업 스타일

저렴하게 구입할 수 있는 다양한 재질의 종이를
활용해 독특한 모양과 풍성한 부피감을 가진
팝업 패키지를 완성해 볼까요?!
사랑을 표현하는 하트, 마음을 전하는 꽃,
특별한 날을 기념하는 숫자 ….
세상에 하나 밖에 없는 소중한 선물을 준비할 수
있는 시간이 될 것입니다.
상자나 봉투 위에 화려함을 더하는 포장법이므로
기본 패키지는 색한지 등 단순하게 싸야 합니다.

선물을 준비하는 사람도, 선물을 받는 사람도
오랫동안 기억될 아름다운 순간을 위해 톡톡 튀는
감각과 독특한 아이디어를 맘껏 뽐내 보세요.

27 두근두근 쿵쿵

하트 모양 장식은 보기만 해도 마음이 두근두근 쿵쿵!
많은 사람들에게 고마운 마음을 전하는 답례품 포장에 잘 어울립니다.
상자나 봉투 등 어디에나 쉽게 사용할 수 있어 매력적이에요.

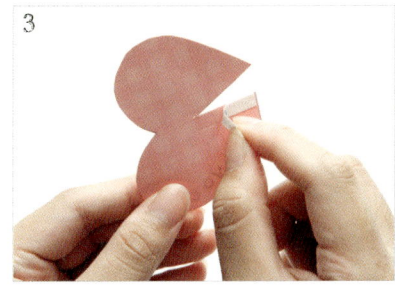

재료 가로 7 × 세로 4cm
양면 패턴종이, 칼, 가위, 양면테이프, 스탬프

1. 하트를 도안대로 자른 다음, 가운데 아랫부분을 부채꼴로 자른다.
2. 이니셜을 스탬프로 찍거나 펜으로 쓴다.
3. 부채꼴로 자른 아래 부분에 양면테이프를 붙여 겹친다.
4. 뒤쪽의 남은 시접도 붙인 뒤 상자 위에 붙인다.

하트 모양을 서로 겹칠 때 메시지를
쓴 부분이 위로 올라가게 한다.

28 별은 내 가슴에

반짝거리는 별은 행운을 상징하는 아이콘이지요.
당신의 소원이 반짝거리는 별처럼 빛나길 바라는 마음을 담아 색다른 팝업 상자를 만들어 보았어요.
입체적으로 표현되는 장식이 화려합니다.

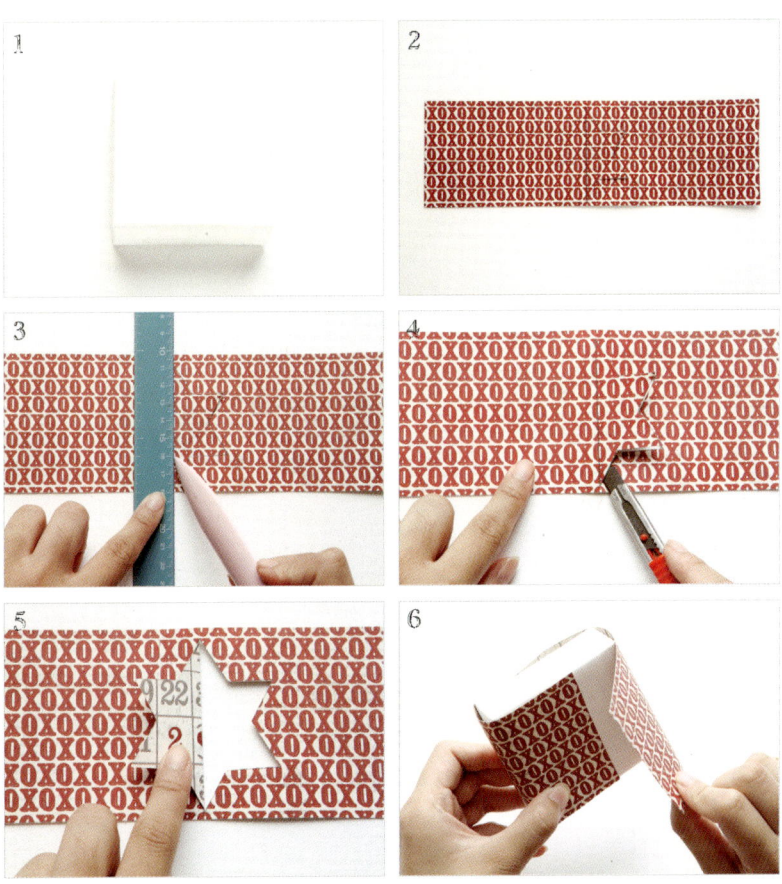

재료 가로 7 × 세로 7 × 높이 2cm
포장지, 양면 패턴종이, 연필, 칼, 가위, 자, 양면테이프, 본폴더

1. 단색 포장지로 상자를 감싼다.
2. ①의 상자와 폭은 동일하고, 둘레는 2cm 정도 길게 양면 패턴종이를 자른다.
3. 별모양 도안을 잘라 ②의 중앙에 대고 그린다.
4. 반만 칼로 자른다.
5. 가운데를 접은 다음 세워 입체적인 별을 만든다.
6. ⑤를 ①의 상자에 둘러 양면테이프로 고정한다.

안쪽에 컬러 포장지로 한 번 더 싸면
분위기가 달라진다. 양면 대칭이 되는
어떤 모양도 잘 어울린다.

²⁹ 연둣빛 향기

나뭇잎 장식을 이용해 네임 카드를 만들었어요.
생일파티나 아이의 기념일을 위해 찾아온 사람들을 위해
많은 선물을 준비하고 싶다면 네임 카드를 활용한 팝업 장식이 빛을 발한답니다.

재료 폭 8 × 길이 5cm
색지, 스탬프, 가위, 풀

1. 색지를 도안대로 재단한다.
2. 중심선을 따라 반으로 접는다.
3. 나뭇잎 위쪽에 스탬프로 이니셜을 찍거나 이름을 쓴다.
4. 나뭇잎 아래쪽만 풀칠해 상자 위에 붙여 완성한다.

MAKING TIP

나뭇잎에 풀칠을 할 때 나머지 반쪽은 종이로 가리고 칠하면 정확히 반만 풀칠할 수 있다.

30 비밀의 화원

왠지 모르게 좋은 일이 생길 것만 같은 봄날,
아이들을 위한 작은 과자나 초콜릿을 담아 선물로 주기에 그만이죠.
눈부시게 반짝이는 봄 햇살처럼 좋은 추억이 하나, 둘 쌓여가겠죠?!

재료 폭 3 × 길이 7cm
미니화분, 색지, 머핀종이, 쿠키 비닐, 스탬프, 리본, 칼, 가위

1. 도안대로 색지를 자른다.
2. 나뭇잎에 스탬프를 찍거나 이니셜을 쓴다.
3. 미니 화분에 머핀종이를 넣고 과자를 담는다.
4. 나뭇잎 2장을 비스듬하게 끼운 뒤 쿠키 비닐로 싸 리본을 묶는다.

MAKING TIP

종이가 과자에 직접 닿는 것이 싫다면 이쑤시개에 종이를 붙인 뒤 꽂는다.

31 예감 좋은 날

종이로 간단하게 귀여운 롤링 장식을 만들어 봤어요.
종이를 많이 말면 말수록 커다랗게 만들어져 선물 크기에 따라 다양하게 응용할 수 있어요.
상자 위에서 멋지게 보이는 만큼 꼭 한번 활용해 보세요.

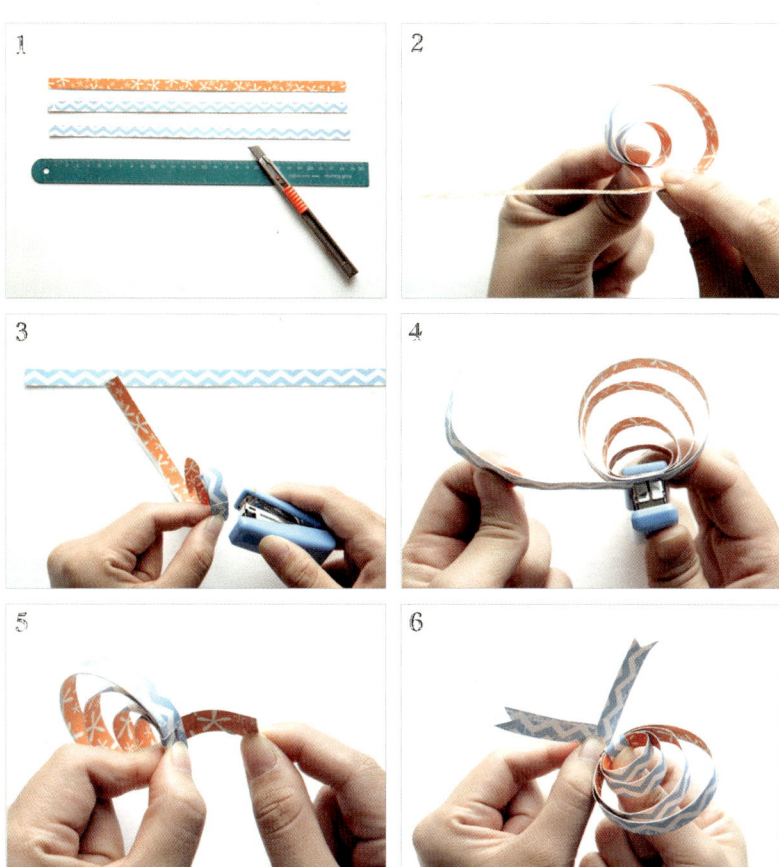

재료
양면 패턴종이, 스테이플러, 풀, 양면테이프, 칼, 가위, 자

1. 양면 패턴종이를 1~1.5cm 폭으로 길게 여러 장 자른다.
2. 중심을 고정시키며 둥글게 만다.
3. 길이가 모자라면 다른 종이를 연결해 말아 더 큰 롤링 장식을 만든다.
4. 둥글게 만 종이의 끝 부분을 스테이플러로 고정한다.
5. 스테이플러로 찍은 부분을 다른 종이로 감아 가린다.
6. 양면 패턴종이를 짧게 자른 뒤 뒤에 엇갈리게 놓고 양면테이프로 붙인다.

 MAKING TIP

종이가 두꺼울 경우 롤링 부분은 스테이플러로 찍고 끈 부분은 양면테이프로 고정시킨다.

32 보고싶다

팝업 장식을 활용하면 평범하던 상자는 온 데 간 데 없고,
받는 사람의 눈이 휘둥그레지는 감각적인 선물로 변신합니다.
어린 시절 한 번쯤 만들었던 바람개비 장식으로 남다른 센스를 뽐내 보세요~

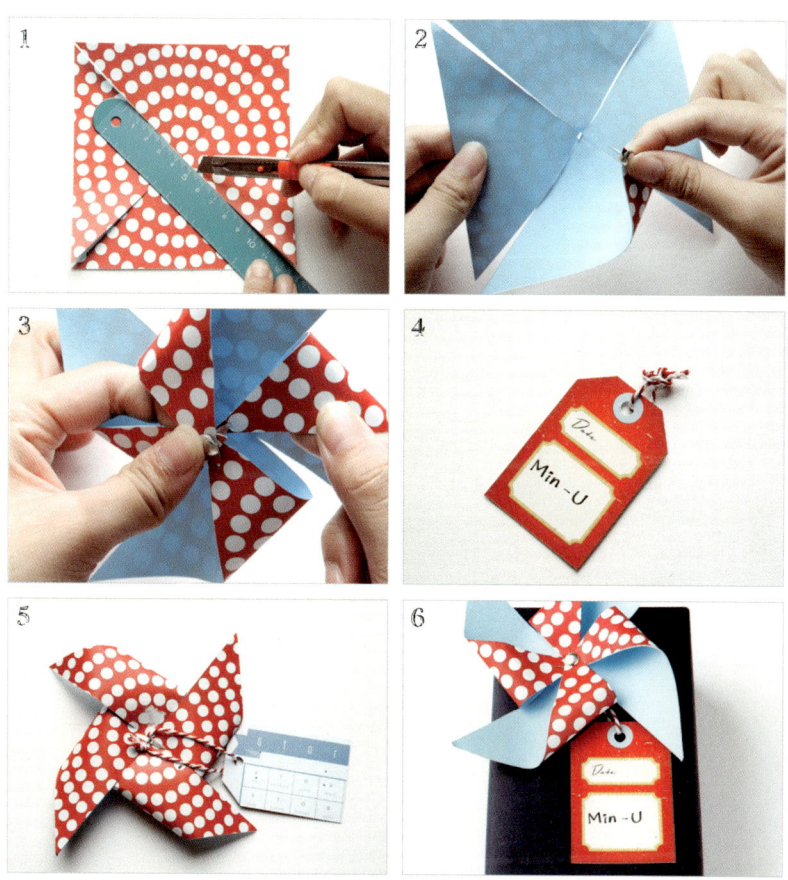

재료
색종이, 할핀, 끈, 태그, 칼, 자, 풀

1. 색종이의 중심 부분을 2cm 정도씩 남기고, (X자 모양이 되도록) 칼로 자른다.
2. 색종이 4개의 끝 부분을 각각 집어서 모은다.
3. 할핀으로 모은 4개의 끝 부분을 중앙에 고정한다.
4. 태그에 끈을 묶는다.
5. 할핀 뒷부분에 태그 끈을 끼운 다음 할핀을 구부려 고정시킨다.
6. 완성된 장식을 상자에 붙여 완성한다.

 MAKING TIP

바람개비를 만들 때는 대각선끼리 선을
그어 정확하게 중심을 잡아 고정한다.

33 바람이 분다

간단한 종이접기 장식으로 선물 상자에 포인트를 줄 수 있어요.
양면 색종이를 사용하면 화려한 컬러 배색으로 보는 즐거움이 쏠쏠하답니다.
선물 후, 부채는 떼어서 사용할 수 있으니 기쁨도 두 배로 커지겠지요?

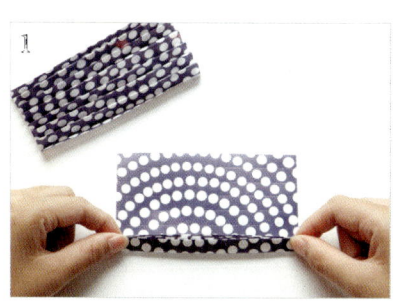

재료

색종이, 리본, 펀치, 풀, 송곳

1. 색종이를 1cm 폭으로 앞뒤로 번갈아 접는다.
2. 풍성한 부채 모양이 될 수 있도록 색종이 2장을 붙여 부채의 폭을 늘린다.
3. 2/3 지점에 펀치로 구멍을 뚫는다.
4. 리본을 상자에 둘러 준다.
5. 상자에 두른 리본의 양끝을 부채의 구멍으로 교차해서 넣은 다음, 단단히 묶어 완성한다.

 MAKING TIP

펀치로 부채의 구멍을 뚫어 리본을 끼운 뒤 양쪽에서 교차해서 통과시키면 쉽게 고정되고 끈도 빠지지 않는다. 단, 펀치의 구멍은 색종이를 접은 폭보다 크지 않게 한다.

34 당신이 챔피언

쉽게 구할 수 있는 감자칩 통을 이용해 재미난 포장을 완성해 보아요.
왕관 모양을 뚜껑에만 붙이기 때문에 뚜껑을 열면 왕관을 벗는 모양이 되는 것도 위트있죠?
뚜껑을 여닫는 방법도 간편하고, 통도 튼튼해 다양한 물건과 선물을 담을 수 있답니다.

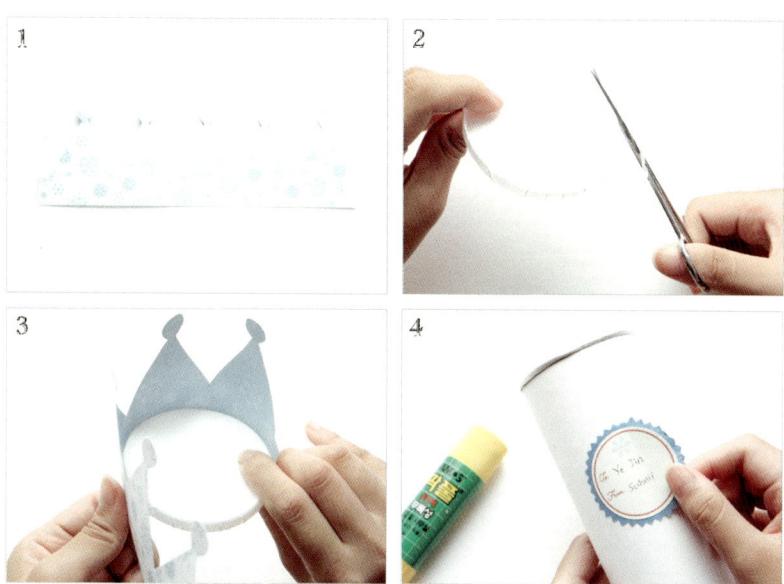

재료 폭 7 × 길이 24cm
원통 상자, 양면 패턴종이, 색한지, 3M 스프레이풀, 스티커, 가위, 자

1. 양면 패턴종이를 도안대로 재단한다.
2. 색한지를 뚜껑보다 크게 재단한 뒤 뚜껑에 스프레이풀로 붙이고 남는 부분을 가위로 자른다.
3. ①의 왕관을 뚜껑에 붙인다.
4. 원통 상자 중앙에 스티커를 붙여 장식한다.

MAKING TIP

왕관의 아래 라인이 뚜껑의 밑 부분과 일치하도록 붙인다. 왕관이 뚜껑 밑으로 쳐지면 여닫을 때 왕관이 구겨진다.

35 로맨틱 데이

요즘 유행하는 도일리를 활용해 클래식하면서도 로맨틱한 네임태그를 만들어 볼까요?
실버, 골드 컬러의 은은한 종이에 핑킹가위로 가장자리를 오려 로맨틱한 도일리와 매치하면
더욱 화려한 느낌을 선물할 수 있지요. 낭만이 필요한 날, 꼭 활용해 보세요~

1) 도일리 태그

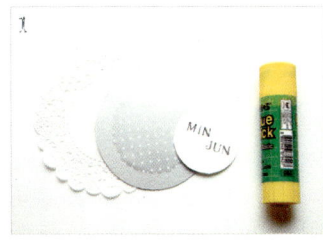

재료 도일리, 포장지, 색지, 핑킹가위, 딱풀, 가위, 펜

1. 포장지와 색지를 둥글게 자르고 받을 사람의 이름을 쓴 다음 도일리에 붙인다.
2. 밑 부분을 1/5 가량 접는다.
3. 접힌 부분을 상자에 붙인다.

MAKING TIP

도일리는 얇으므로 두께가 있는 색지를 붙여야 입체감이 살아 난다.

2) 도일리 카드

재료 도일리, 색지, 스탬프, 가위, 딱풀

1. 도일리 3장을 각각 반으로 접는다.
2. 색지에 도일리를 반 붙인다.
3. 반대쪽도 도일리를 반 붙인다.
4. 도일리 한 장 전체에 풀칠을 한 다음, 남은 2장의 도일리에 반반씩 붙인다.
5. 네임 카드로 세운 상태에서 앞부분에 스탬프로 이름을 찍는다.
6. 도일리 아랫면을 상자에 붙여 완성한다.

MAKING TIP

색지는 도일리 지름보다 약간 크게 잘라야만 도일리를 단단히 고정시키는 지지대의 역할을 할 수 있다.

³⁶ 크리스마스에는

"크리스마스에는 그 거리에 작은 소망들이 피어나 그 친구들 환한 웃음 다시 볼 수 있겠지~"
따스한 날들의 추억을 더욱 소중히 만들어 주는 선물이에요.
크리스마스카드 디자인을 팝업처럼 활용한 간단한 아이디어로 한층 특별해진 소원을 나누세요.

재료 가로 8 × 세로 11cm
색지, 딱풀, 칼, 가위, 자, 본폴더

1. 도안대로 색지를 자른 뒤 반으로 접을 수 있도록 본폴더로 자국을 낸다.
2. 나무를 반으로 접는다.
3. 반만 풀칠을 한 뒤 포장한 상자 모서리에 붙여 완성한다.

크리스마스트리 대신 눈사람, 다양한
눈결정체 모양 등을 활용해도 예쁘다.

³⁷ 어느 멋진 날

선물을 건넬 때 손글씨로 쓴 카드 한 장은 진심을 더하지요. 핑크 리본에 메시지를 담은 아이디어가 돋보이는 장식입니다. 선물을 장식하는 포인트도 되지만 동시에 메시지를 전달하는 카드로 활용할 수 있답니다.

재료 폭 8 × 길이 25cm **(띠** 폭 2 × 길이 18cm**)**
색지, 스탬프, 가위, 자, 풀, 펜

1. 8cm 폭으로 핑크색 색지를 자른 뒤 안쪽에 메시지를 쓴다.
2. 흰색 색지를 2cm 폭으로 길게 자른 다음 스탬프로 이름을 쓴다.
3. 핑크색 색지 중앙에 흰색 색지를 감싸 붙인다.
4. 핑크색 색지 양쪽을 흰색 색지에 끼워 리본 모양을 만든 뒤 상자에 붙인다.

 MAKING TIP

너무 얇은 A4 용지나 휘어지지 않는 두꺼운 종이는 리본의 볼륨감이 없으므로 도화지 두께가 적당하다.

38 달콤한 솜사탕

달달한 솜사탕을 연상시키는 꽃 장식을 보면 나도 모르게 기분이 좋아집니다.
가볍고 부드러운 습자지를 이용해 로맨틱한 꽃송이를 만들었어요.
습자지를 여러 겹 겹칠수록 커다란 꽃송이가 완성됩니다.
크게 만들어 천장에 매달면 멋진 인테리어 소품으로도 활용할 수 있어요.

재료
습자지, 가는 철사, 가위, 클립, 양면테이프

1. 습자지를 가로 12 × 세로 17cm 크기로 8장 재단한 뒤 겹쳐 클립으로 고정한다.
2. 종이가 긴 쪽을 세로로 놓고 1cm 폭으로 접어나간다.
3. 가운데를 철사로 묶어 고정한다.
4. 양끝을 대각선으로 뾰족하게 자른다.
5. 바깥쪽 종이부터 아래쪽으로 펼쳐 내린다.
6. 안쪽까지 조심스럽게 펼쳐 완성한다.

 MAKING TIP

습자지는 미끄럽고 얇아서 조심스럽게 한 장 한 장 펴야 찢어지지 않는다. 끝을 잡아당기지 말고 중앙부터 살살 편다.

39 꽃놀이 갈까요

동글동글~ 귀여운 꽃들이 옹기종기 피어있네요.
누구에게 선물해도 부담 없는 선물 상자가 됩니다.
머핀종이의 색을 다양하게 이용하면 한층 화려한 꽃밭을 선물할 수 있답니다.

재료
머핀종이(초콜릿 용), 글루건, 색지, 가위, 풀

1. 제일 중심이 될 부분은 4번 접은 다음 둥글게 말아 글루건으로 붙인다.
2. 3번 접은 종이를 2장 양옆에 붙인다.
3. 종이를 2번 접어 ②의 둘레에 붙인다.
4. 마지막엔 1/2로 한번 접은 종이로 심 주위를 감싸며 붙여 풍성하게 한다.
5. 뒷부분의 뾰족한 부분은 잘라 평평하게 만든다.
6. 색지를 나뭇잎 모양으로 잘라 꽃 뒤에 붙인다.

사이즈가 작은 초콜릿용 종이를 이용해야 예쁘다. 색색의 종이를 여러 겹으로 이용하면 더욱 화려하다.

⁴⁰ 플라워 코르사주

종이접기만으로 간단하게 완성할 수 있는 꽃 장식이에요.
여러 가지 색과 크기로 다양하게 만들어 선물 상자는 물론
아이들 브로치나 고깔모자에 달아 멋스럽게 연출하면 좋습니다.

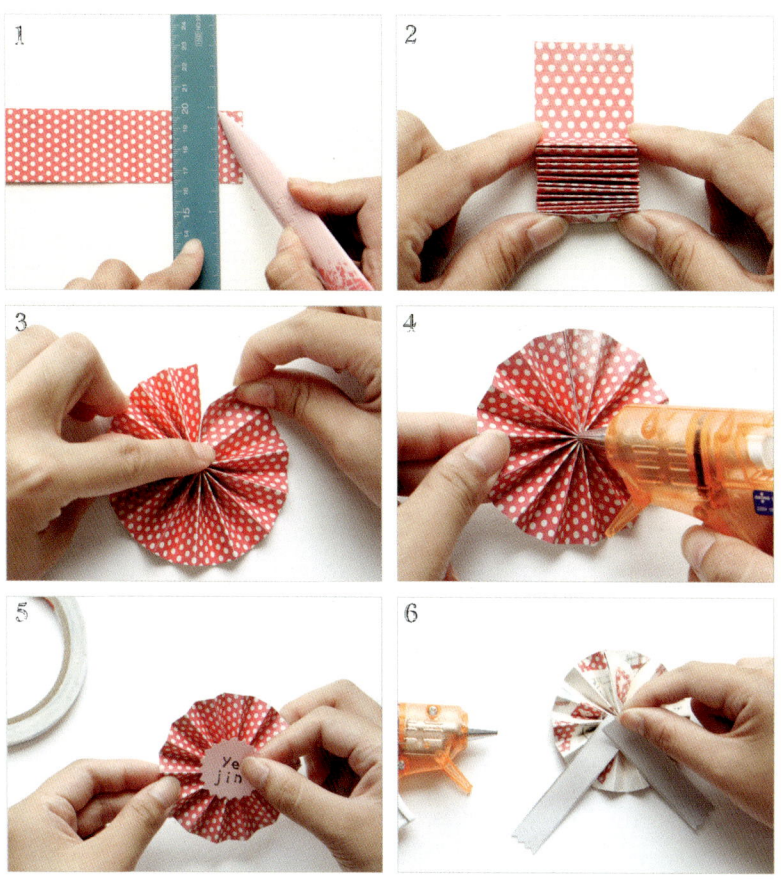

재료
양면 패턴종이, 색지, 리본, 글루건, 양면테이프, 핑킹가위, 본폴더, 칼, 자

1. 양면 패턴종이를 가로 3.5 × 세로 30cm로 잘라 본폴더로 1cm 폭의 접는 선을 긋는다.
2. 안과 밖으로 번갈아 접어 아코디언 모양을 만든다.
3. 양끝을 맞대어 붙인다.
4. 안쪽으로 모인 부분을 글루건으로 붙인다.
5. 색지를 핑킹가위로 둥글게 잘라 아코디언 주름지 가운데 부분에 붙인다.
6. 뒤에 리본을 붙여 완성한다.

 **MAKING TIP**

원의 가운데를 글루건으로 고정시키지 않으면 종이가 튕겨나가 고정하기 어렵다. 종이가 두꺼울수록 단단히 고정시킨다.

41 활짝 핀 꽃송이

종이 고깔을 이용한 재미난 꽃송이를 소개할게요.
꽃잎의 안과 겉이 모두 보이기 때문에 양면 색종이를 이용하면 화려한 멋을 더할 수 있지요.
고깔의 갯수를 적게 붙이면 만개하기 직전의 수줍은 꽃이 되고,
갯수가 많아지면 활짝 핀 꽃이 완성된답니다.

재료
색종이, 색지, 가위, 딱풀

1. 가로 15 ×세로 15cm 크기의 색종이를 2번 접은 다음 정사각형 4개로 자른다.
2. 고깔 모양으로 각각 둥글게 말아 붙인다.
3. 고깔의 모양을 앞뒤로 번갈아 놓으며 옆으로 둥글게 붙여 나간다.
4. 색지를 동그랗게 오려 ③의 가운데 붙여 마무리한다.

MAKING TIP

고깔을 붙일 때 옆선을 잘 맞춰야 모양이 찌그러지지 않는다.

42 힐링 캠프

만개한 꽃을 보면 마음이 치유되는 효과가 있다고 해요.
누구나 일상 속에 크고 작은 스트레스를 받으며 살아가죠.
활짝 핀 꽃을 바라보며 희망의 에너지를 다시 채우는 시간을 만들어 보세요.

재료 색지, 종이감기 바늘, 핑킹가위, 가위, 양면테이프

1. 흰색 색지를 폭 0.5 × 길이 25cm로 가늘고 길게 잘라 꽃잎 중심이 되도록 만든다.
2. 수술이 될 부분은 폭 2 × 길이 10cm로 잘라 1mm 간격으로 가위집을 넣어 꽃술을 만든다.
3. 꽃잎이 될 부분은 폭 2.5 × 길이 15cm로 잘라 끝 부분을 핑킹가위로 자른다.
4. 핑킹가위로 잘려진 모양의 한마디를 꽃잎 하나의 기준으로 삼고 마디마디를 잘라 꽃잎을 완성한다.
5. ②와 ④를 차례로 말아준 뒤 양면테이프를 붙인다.
6. 꽃잎을 활짝 펼쳐 완성한다.

 MAKING TIP

꽃송이 가운데 철사를 넣어 꽃줄기를 만들면 인테리어 장식으로 이용할 수 있다.

43 여름 향기

커다란 꽃 태그로 감각적인 선물 포장을 완성하세요.
만드는 방법이 쉬워 누구나 즐겁게 만들 수 있어요.
나무집게를 이용한 아이디어이므로 선물 포장 후 다시 사용할 수 있답니다.

재료

색종이, 색지, 나무집게, 펀치, 글루건, 다리미, 가위

1. 가로 15 × 세로 15cm 크기의 색종이를 삼각형 모양으로 각각 3번 접는다.
2. 도안대로 자른다.
3. 동그라미 부분은 펀치로 뚫고 나머지 부분은 가위로 자른다.
4. 종이를 펴서 다리미로 다린다.
5. ④의 뒷면에 나무집게를 글루건으로 붙인다.

MAKING TIP

두꺼운 종이는 여러 겹으로 접어 자르기 어려우므로 색종이가 적당하다.

44 순백의 신부

아름다운 결혼식이 연상되는 꽃 장식이에요.
친구의 결혼식이나 부부의 결혼기념일을 축하하는 특별한 선물 포장이 됩니다.
로맨틱한 분위기를 연출하는데도 도움이 되니 꼭 한번 만들어 보세요.

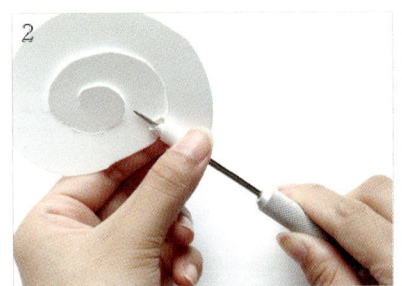

재료 지름 8.5 × 길이 9cm
색지, 글루건, 가위, 송곳

1. 색지를 도안대로 재단한다.
2. 끝에서부터 송곳을 이용해 돌돌 만다.
3. 꽃의 크기를 정한 다음 맨 아래 부분을 글루건으로 붙여 고정한다.

MAKING TIP

송곳으로 종이를 말면 쉽게 꽃잎이 완성된다.

45 고맙습니다

사랑하는 부모님께 이보다 좋은 메시지가 있을까요?
백 마디 말보다 꽃 한송이가 더 큰 울림으로 다가옵니다.
이번 기회에 직접 만든 카네이션으로 전하지 못한 마음을 대신해 보면 어떨까요?

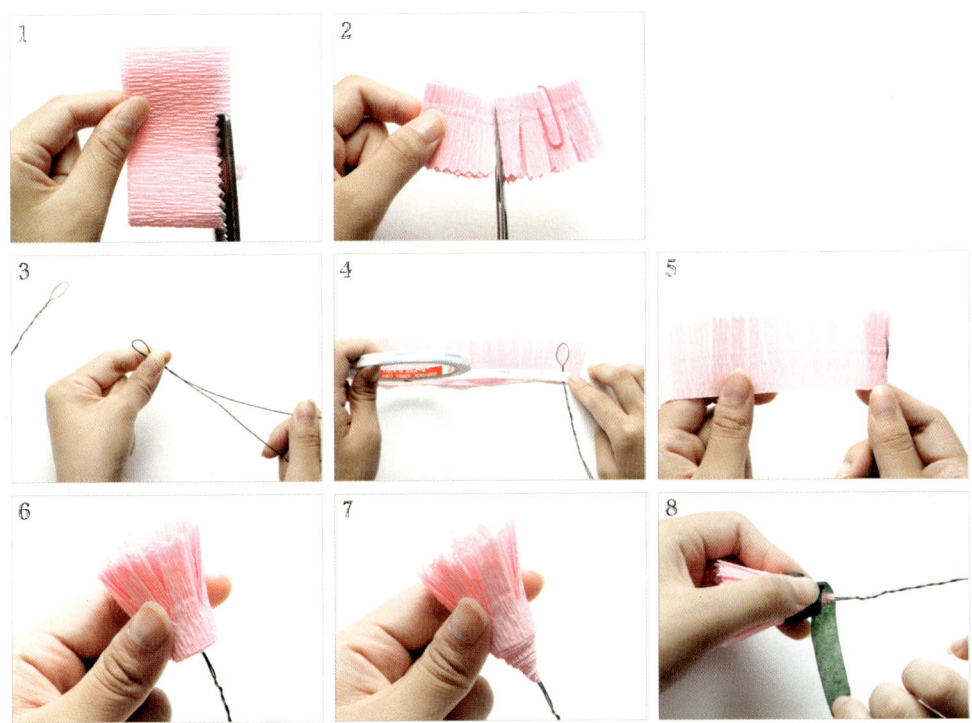

재료

주름지, 꽃 철사, 꽃 테이프, 가위, 핑킹가위, 양면테이프, 클립

1. 주름지를 길게 자른 뒤 겹쳐 접어 한쪽을 핑킹가위로 자른다.
2. 윗부분을 클립으로 고정하고 한꺼번에 꽃잎 모양으로 자른다.
3. 철사를 꼬아 꽃의 중심이 되는 꽃심을 만든다.
4. 철사를 꽃잎이 될 주름지 위에 두고 양면테이프로 붙인다.
5. 철사를 돌리면서 주름지를 만다.
6. 풍성한 꽃이 완성되면 끝을 붙인다.
7. 이어 철사를 밑으로 끌어내려 꽃잎의 아랫부분이 V자가 되도록 한다.
8. 꽃의 아랫부분과 철사 부분은 녹색 꽃 테이프로 감는다.

 **MAKING TIP**

주름지는 늘어나는 성질이 있어 꽃을 풍성하게 만들 때 유용하다.

46 소원을 말해 봐

리스는 크리스마스를 상징하는 장식인 만큼 선물의 의미를 잘 전달해줍니다.
평범한 상자 위에 직접 만든 리스만 얹어도 특별한 분위기를 연출할 수 있지요.
이번 크리스마스 선물에는 감각적인 리스 데커레이션 어떨까요?

재료 폭 2.8 × 길이 4.8cm
포장지, 소포지, 색지, 꽃 철사, 3M 스프레이풀, 가위, 풀, 글루건

1. 포장지와 소포지를 스프레이풀로 붙인다.
2. 도안대로 자른다.
3. 나뭇잎 뒷부분에 철사를 대고 글루건으로 붙인다.
4. 나뭇잎끼리 연결해 엮어가며 2줄 만든다.
5. 나뭇잎을 연결한 철사를 구부려가며 리스 모양을 잡아간다.
6. 길게 만든 철사 2줄을 맨 위에서 하나로 연결한다.
7. 색지를 오려 리본을 만든다.
8. 리스에 리본을 붙여 완성한다.

MAKING TIP

철사에 나뭇잎을 붙여 만들기 때문에
자유자재로 모양을 바꿀 수 있다.

Shinny &
Trendy deco

레터링 스타일

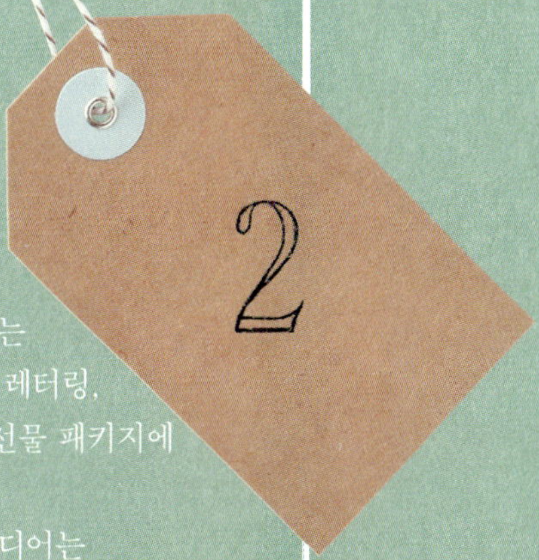

원하는 것을 자유자재로 표현할 수 있는
스탬프와 펀칭, 추억이 깃든 사진이나 레터링,
다양한 태그 등을 활용해 센스 있는 선물 패키지에
도전해 보세요.
특히 아이의 사진을 활용한 장식 아이디어는
특별한 감동과 메시지를 전달할 수 있는 선물이
되어 줄 것입니다. 어렵게 생각하지 마세요.
주변에서 쉽게 구할 수 있는 종이와 간단한 도구만
있으면 충분하니까요.
특별한 선물을 완성해 줄 센스 만점 아이디어를
여기 준비해 두었답니다.

자, 이제 책장을 넘겨 주세요.

47 너를 사랑해

아이의 특별한 날을 기념하고 싶을 때, 세상에 단 하나뿐인 선물을 준비해 보세요.
사진을 활용한 선물 포장은 오랫동안 아이를 추억할 수 있는 시간을 선사할 것입니다.
그것뿐인가요. 엄마의 남다른 센스에 모두가 감탄하게 되겠지요?!

재료
아이 사진, A4용지, 리본, 가위, 3M 스프레이풀

1. 아이 얼굴을 흑백으로 편집하여 A4용지에 출력한 다음 오린다.
2. 포장지로 싼 상자 위에 3M 스프레이풀로 얼굴을 붙인다.
3. 리본을 매 완성한다.

 MAKING TIP

아이 얼굴은 흑백으로 붙여야 모든 바탕색과 잘 어울린다. 또 포토 용지가 아닌 A4 용지에 프린트해야 포장지에 잘 붙는다.

48 내 마음 속에 지우개

내가 원하는 대로 프린트를 만들기는 어렵다고 생각하지만
의외로 간단한 방법으로 멋진 무늬를 완성할 수 있어요.
반복되는 프린트를 활용하면 시크한 스타일의 상자가 탄생합니다.

재료
지우개, 스탬프 잉크, 칼

1. 원형 지우개는 그대로 이용하고, 네모난 지우개는 사각과 삼각으로 자른다.
2. 네모난 지우개를 마름모 모양으로 놓고 일렬로 줄을 맞춰 찍는다.

 MAKING TIP

봉투에 스탬프를 찍을 때 뚜껑 밑에 종이를 받쳐 놓고 찍어야만 봉투에 잉크가 묻지 않는다.

49 사랑은 눈꽃처럼

도일리 위에 스탬프 잉크를 콕콕 눌러 번지는 느낌을 살린 매력적인 포장법을 소개합니다.
특별한 노하우 없이 예쁜 모양을 완성할 수 있어 초보자들도 쉽게 따라할 수 있어요.
아름답게 흩날리는 눈꽃처럼 포근한 추억을 선물하세요.

재료
도일리, 3M 스프레이풀 75 (또는 임시 접착용 딱풀), 스탬프, 스탬프 잉크

1. 포장한 상자 위에 도일리를 원하는 위치에 놓고 스프레이풀로 붙여 고정한다.
2. 스탠실하듯 스탬프 잉크를 도일리 위에 고르게 찍는다.
3. 잉크가 마르면 도일리를 뗀다.
4. 도일리가 붙어 있던 부분에 스탬프를 찍거나 메시지를 적는다.

MAKING TIP

레터링 스티커를 이용할 경우 접착이 너무 강하지 않은 것을 고른다. 접착이 강할 경우 손등에 몇 번 붙였다가 떼어 사용한다.

50 우리들의 크리스마스

매해 돌아오는 크리스마스에 필요한 장식 아이디어를 소개할게요.
선물 교환이 끝난 후 상자에서 떼어 내 크리스마스 장식으로 활용해도 좋아요.
크리스마스에 어울리는 선물을 만들고 싶다면 꼭 한번 시도해 보세요.

재료
나뭇잎 모양펀치, 색지(연두색 · 초록색), 면끈, 딱풀, 폼 양면테이프

1. 펀치로 색지를 찍는다.
2. 나뭇잎을 딱풀로 붙여 연결한다.
3. 리스 뒷부분에 폼 양면테이프를 작게 잘라 붙인다.
4. 리스에 면끈을 묶어 장식한다.

 **MAKING TIP**

폼 양면테이프를 이용해야 리스가 입체적으로 표현된다. 폼 양면테이프는 앞에서 보이지 않게 작게 잘라 사용한다.

51 시크릿 가든

비밀의 화원에 들어선 듯, 달콤한 꽃향기가 느껴지지 않나요?
아름다운 꽃밭에서 로맨틱한 상상을 즐겨 보세요.
꽃을 여러 겹 겹칠 때 꽃잎과 꽃잎 사이, 폼 양면테이프를 살짝 붙이면
꽃의 입체감을 제대로 살릴 수 있답니다.

재료
색지, 꽃 모양펀치(3가지 크기), 폼 양면테이프

1. 모양펀치로 색지를 여러 가지 크기로 찍는다.
2. 크기별로 꽃잎을 겹쳐 붙인다.
   이때 폼 양면테이프를 이용하면 꽃잎의 입체감이 살아난다.

MAKING TIP
폼 양면테이프를 이용해 꽃잎을 겹겹이 붙이면 양면테이프를 사용할 때보다 입체감이 한층 살아난다.

⁵²레이스 홀릭

레이스 장식을 이용한 로맨틱한 선물 상자를 완성했어요.
테두리를 장식하는 보더펀치 하나만 있으면 누구나 쉽고, 간단하게 만들 수 있답니다.
일회용 테이블 매트를 만들거나 스크랩북, 앨범 등을 장식할 때도 유용합니다.

재료
색지, 양면 패턴종이, 보더펀치(테두리펀치), 양면테이프, 가위

1. 양면 패턴종이를 길게 잘라 보더펀치로 찍는다.
2. 색지를 길게 잘라 ①과 같은 방법으로 모양을 낸다.
3. 포장한 상자 옆면에 모양낸 종이를 아래쪽부터 층층이 붙여 나간다.
4. 상자 위에 원하는 메시지 카드를 붙여 완성한다.

 MAKING TIP

보더펀치로 폭만 달리하여 색지를 찍으면 같은 모양도 달라 보이는 효과를 얻을 수 있다.

53 모던 스타일

세련된 블랙 & 화이트 컬러를 살린 포장법이에요.
자칫 차가워 보일 수 있는 무채색에 레이스 장식을 살짝 더하면
사랑스럽고 세련된 느낌의 포장이 완성된답니다.

재료
포장지(또는 색한지), 색지, 보더펀치(또는 테두리펀치), 양면테이프, 리본, 가위

1. 포장지로 상자를 싼 다음 마지막 시접을 3cm 정도 남기고 접는다.
2. 접은 시접 2cm 뒤에 양면테이프를 붙인다.
3. 색지를 길게 잘라 보더펀치로 찍은 다음 ②의 사이에 끼워 넣으며 붙인다.
4. 중앙에 리본을 둘러 위에서 매듭을 짓는다.

 MAKING TIP

보더펀치로 찍은 종이는 상자 윗면에만 붙이고 옆면까지 오지 않도록 해야 깔끔하다.

54 천사의 날개

천사처럼 하늘거리는 레이스로 로맨틱한 선물을 완성해요.
레이스 종이를 겹쳐 가운데만 살짝 붙이면 하늘거리는 날개처럼 보인답니다.
이때 리본으로 선물 상자를 고정시키면 스타일이 한층 살아납니다.

재료
색지, 보더펀치, 리본, 양면테이프, 가위

1. 상자의 폭과 동일한 색지와 그것보다 좁은 폭의 색지를 각각 한 장씩 준비한 다음, 색지의 가장자리를 보더펀치로 찍는다.
2. 상자 위에 같은 사이즈의 색지를 붙인 뒤 좁은 색지는 가운데만 양면테이프로 겹쳐 붙인다.
3. 리본을 묶어 완성한다.

가운데만 붙여 날개처럼 만들 수도 있다. 보더펀치를 양쪽으로 찍으면 자연스럽게 예쁜 띠가 만들어진다.

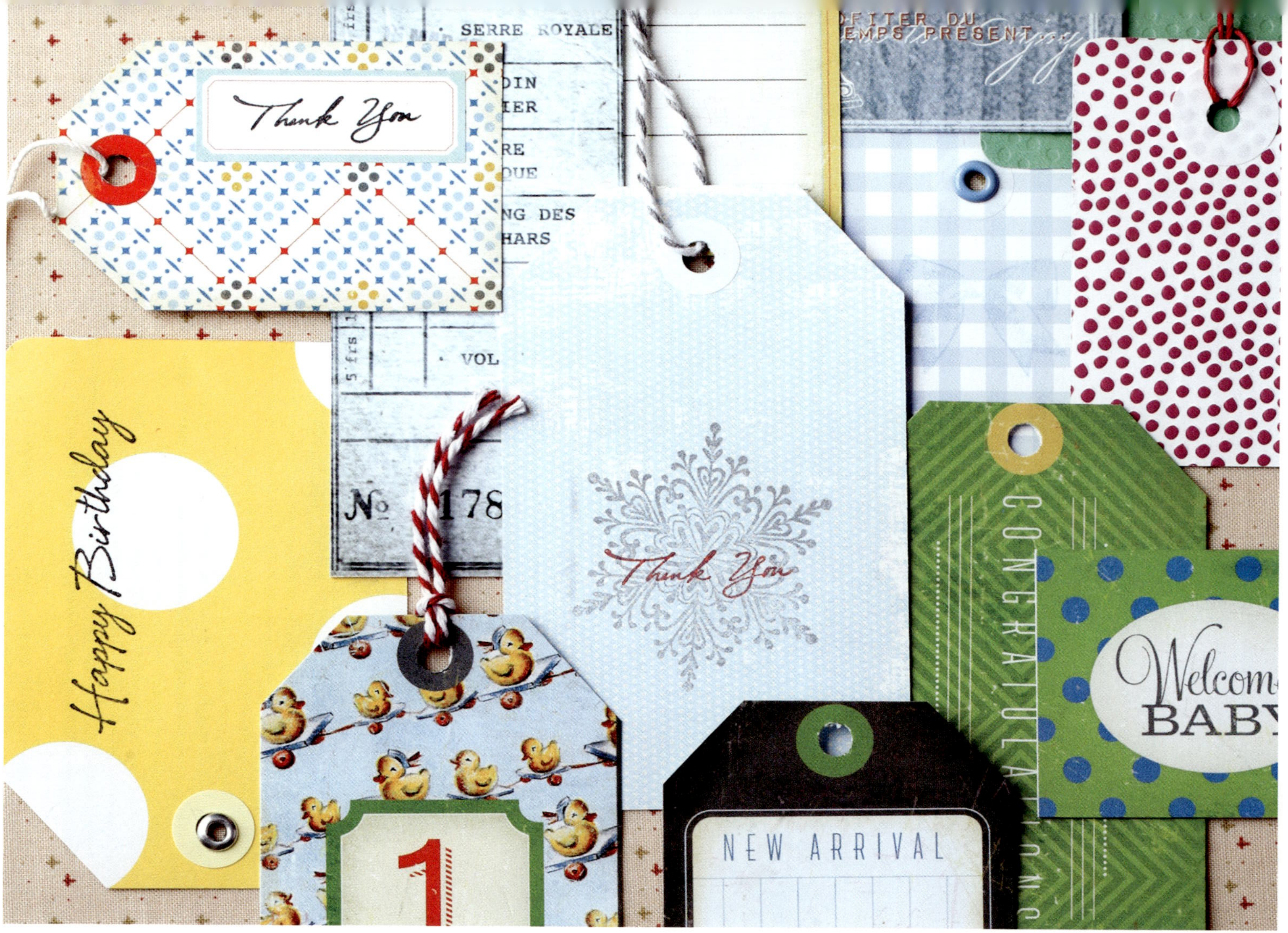
Thank You
SERRE ROYALE
Thank You
Happy Birthday
№ 178
CONGRATULATIONS
Welcome BABY
NEW ARRIVAL
1

55 아시나요

알록달록, 옹기종기 귀엽게 모여 있는 다양한 태그를 보면 하나하나 들춰 보고픈 호기심이 들어요. 간단한 태그를 이용해 메시지를 보내 보세요. 손으로 쓴 감성적인 메시지는 잊고 지낸 아련한 그리움과 깊은 울림으로 기억될 것입니다.

재료 가로 5 × 세로 9cm, 가로 5 × 세로 7.6cm, 가로 4 × 세로 7cm

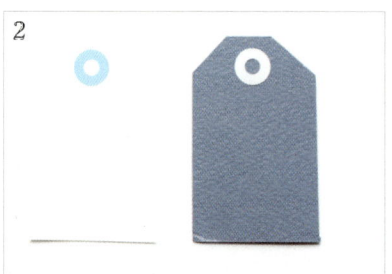

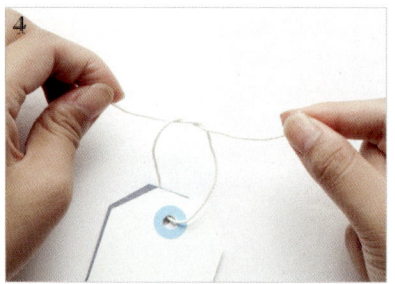

1) 링라벨 태그
재료 색지, 링 라벨, 펀치, 끈, 칼, 자

1. 원하는 태그를 도안대로 자른다.
2. 링 라벨을 붙인다.
3. 펀치를 뚫는다.
4. 끈 묶어 완성한다.

2) 도장 태그
재료 색지, 스탬프, 스탬프 잉크, 펀치

1. 배경이 될 스탬프를 먼저 연한 색으로 찍는다.
2. 배경 스탬프가 마르면 진한 색으로 찍는다.

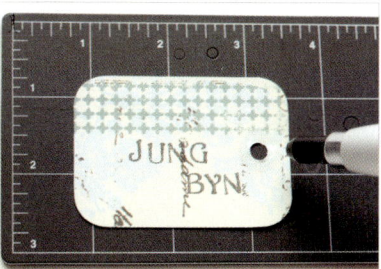

3) 아일렛 태그

재료 색지, 아일렛, 아일렛펀치, 스탬프

1. 도안대로 태그를 재단하고 이니셜을 찍은 뒤 아일렛펀치로 구멍을 뚫는다.
2. 아일렛을 박는다.

4) 패턴종이 태그

재료 양면 패턴종이(태그 인쇄된 것), 펀치, 끈

1. 태그가 인쇄된 종이를 모양대로 자른다.
2. 펀치로 구멍을 뚫고 끈을 묶는다.

MAKING TIP

태그의 고리 부분에 링 라벨을 붙여 주면 끈을 당겨도 구멍이 찢어지지 않을 뿐만 아니라 모양도 예쁘다.

5) 테두리 둥글리기

재료 색지, 코너라운더, 가위, 자

1. 도안대로 태그를 자른다.
2. 코너라운더를 이용해 끝을 둥글린다.

56 태그 스타일

메시지를 숨길 수 있는 반전의 태그! 천진한 아이 모습에 웃음 나는 따사로운 태그!
특별한 날을 기념하는 품격 있는 태그! 이것이 바로 태그 스타일.

1) 주머니 태그

재료 색지, 스탬프, 양면테이프, 칼, 자

1. 태그와 주머니를 도안대로 재단한다.
2. 주머니를 접어 붙인다.
3. 메세지를 쓰고 주머니 사이즈에 맞게 잘라 넣는다.

2) 마스킹테이프 태그

재료 마스킹테이프, 색지, 칼, 딱풀

1. 색지에 마스킹테이프를 가로로 붙인다.
2. 트리 모양을 대고 자른다.
3. 태그에 붙여 완성한다.

3) 사진 태그

재료 아이 사진, 색지, 칼, 풀

1. 아이 사진을 프린트해서 자른다.
2. 태그에 붙인다.

MAKING TIP

두꺼운 종이로 주머니를 만들 때는 양면테이프 대신 글루건을 사용한다.

57 너만 있으면 돼

봉투를 세로로 감으면 봉투 입구도 막고
멋진 장식도 되는 두 가지 효과가 있지요.
둥근 태그는 띠를 고정시키는 역할을 합니다.

MAKING TIP

띠의 컬러는 봉투의 무늬에 있는 색에서 골라야 조화롭다. 가운데 붙이는 태그는 띠의 폭보다 지름을 넓게 만들어야 보기 좋다.

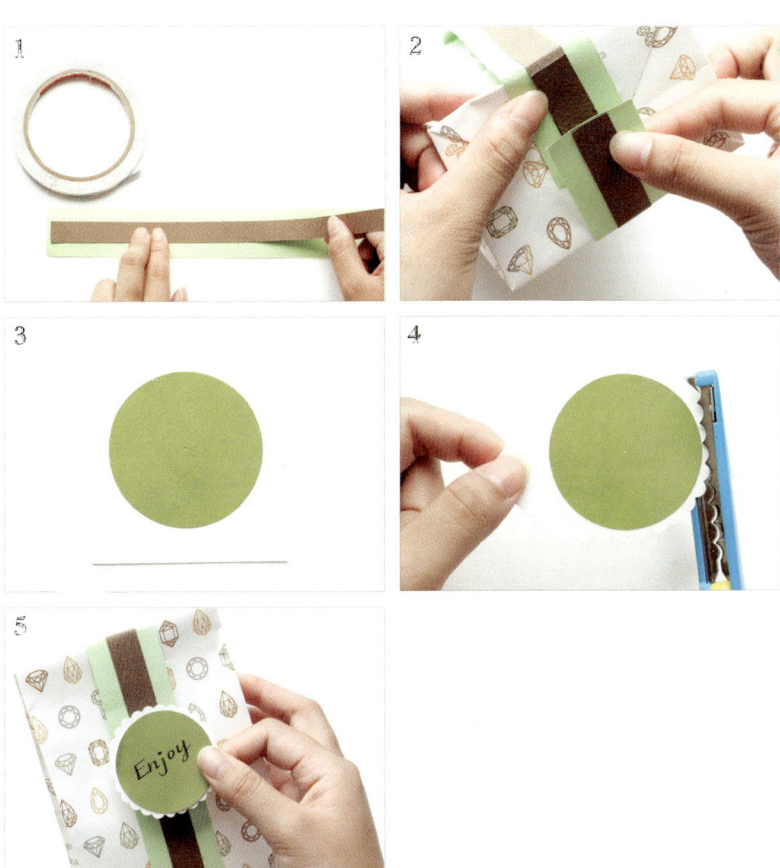

재료

종이봉투, 색지, 핑킹가위, 가위, 풀, 양면테이프

1. 2가지 컬러의 색지를 봉투를 두를 정도의 길이로 잘라 붙인다. 이때 종이의 폭은 각각 **5cm**와 **2cm**로 맞춘다.
2. ①을 봉투의 아래에서부터 한 바퀴 감아 바닥에서 고정한다.
3. 색지를 둥글게 잘라 흰색 색지에 붙인다.
4. 둥근 색지보다 넓은 원이 만들어지도록 핑킹가위로 자른다.
5. 만든 태그를 띠 위에 붙여 고정한다.

58 그대의 눈꽃송이

밋밋한 봉투를 쉽고 간단하게 장식하는 방법으로 태그만큼 좋은 것이 또 있을까요?
도일리를 다양한 색으로 칠하면 한층 사랑스러운 분위기를 연출할 수 있어요.
다양한 크기의 도일리를 이용해 로맨틱한 눈꽃송이를 표현해 보세요.

재료
도일리, 스탬프 잉크, 스티커 양면 패턴종이, 펀치, 끈, 가위, 딱풀

1. 도일리 위에 스탬프 잉크를 톡톡 두드려 색을 입힌다.
2. 도일리와 스티커 양면 패턴종이를 잘라 겹쳐 붙인다.
3. 펀치로 구멍을 뚫는다.
4. 태그에 끈을 달아 손잡이 한쪽에 묶어 완성한다.

 **MAKING TIP**

스탬프 잉크로 찍은 종이는 잘 말린 뒤 사용한다. 엠보싱 처리가 되어 있는 머메이드지 등은 잉크가 찍히지 않으므로 피한다.

⁵⁹ 연애 시대

고급스러운 메시지 태그를 만들어 볼까요?
네임 태그로 활용해도 좋고, 포인트 장식으로도 그만이랍니다.
선물 상자뿐 아니라 테이블 세팅이나 다이어리를 꾸미는 데에도 감각적으로 사용할 수 있지요.

재료
색지, 리본, 칼, 가위, 자, 양면테이프

1. 도안대로 색지를 마름모 모양으로 자른 다음 위와 아래에 리본 폭보다 약간 길게 칼집을 낸다.
2. 리본을 끼워 연결한 뒤 포장한 상자에 붙인다.

종이 태그에 리본을 끼워주는 것으로
한층 특별한 분위기를 더할 수 있다.

⁶⁰ 마음을 나눠요

차 한 잔이 그리워지는 날, 은은한 향기를 나누는 예쁜 방법이 있어요.
티백을 서로 조금씩 나눠 보세요. 다양한 차 맛을 즐길 수 있답니다.
이때, 평범한 지퍼 백에 담기보다는 태그를 붙여 센스를 뽐내 보세요.

재료
홍차 티백, 색지, 스탬프, 스테이플러, 가위, 양면테이프

1. 색지를 2겹 겹쳐 스테이플러로 찍은 뒤 도안대로 그린다.
2. 하트 모양으로 오린다.
3. 앞면에는 스탬프로 메시지를 찍는다.
4. 홍차 티백 줄의 끝에 하트를 양면으로 붙여 완성한다.

MAKING TIP

메시지 대신 홍차의 종류를 써주는 것도 좋다.

61 나비처럼 날아라

아이의 친구들이 모처럼 놀러온 날에는 사탕 하나 주는 것에도 신경이 쓰이죠.
이럴 때 작은 아이디어 하나로 센스 있는 엄마의 모습을 보여 주세요.
아이의 기분도, 엄마의 어깨도 으쓱해지는 순간이 되겠죠?!

재료 폭 2.5 × 길이 4.5cm
색종이, 색지, 스테이플러, 펀치, 종이테이프, 핑킹가위, 스탬프, 스탬프 잉크

1. 색종이와 색지를 스테이플러로 고정한 뒤 도안대로 여러 장 자른다.
2. 나뭇잎에 스탬프를 찍어 이름을 쓴다.
3. ②에 펀치로 구멍을 내고 사탕 막대에 끼운다.
4. 잎 부분에 종이테이프를 두세 번 감아 나뭇잎이 빠지지 않게 한다.

 **MAKING TIP**

나뭇잎을 끼우고 그 아랫부분에 테이프를 감아주면 막대가 굵어지면서 나뭇잎이 밑으로 빠지지 않는다.

62 그대 내 맘에 들어오면

다양한 모양의 예쁜 태그를 활용해 T.P.O에 맞는 선물을 준비하세요.
태그를 이용하면 적당한 메시지를 함께 전할 수 있어 감동의 깊이가 더해진답니다.
진한 에스프레스 향기처럼 깊은 여운을 남기는 선물로 기억될 것입니다.

재료
색지, 스탬프, 스탬프 잉크, 송곳, 가위, 양면테이프

1. 색지를 길게 잘라 스탬프를 찍는다.
2. 송곳으로 양옆을 서로 반대 방향으로 둥글게 만다.
3. ②의 가운데를 포장한 상자에 고정시킨다.

 MAKING TIP

쉽게 구할 수 있는 산적막대나 이쑤시개로 감으면 쉽게 말린다.

⁶³ 갖고 싶은 너라서

트렌디한 패키지를 보면 자연스럽게 탄성이 새어 나오죠.
메시지를 적은 종이를 봉투 끈에 연결해 감각을 뽐냈어요.
봉투와 메시지의 컬러를 비슷하게 맞추면 한결 세련된 포장이 완성됩니다.

재료

종이봉투, 머메이드지, 풀, 양면테이프, 칼, 가위, 자

1. 메시지를 써 머메이드지를 넣고 출력한 뒤 1~1.5cm 폭으로 자른다.
2. 손잡이의 한 쪽 끝부분을 사선으로 잘라 모양을 낸다.
3. 양면테이프로 메시지가 보이도록 손잡이 모양을 잡아준 다음 종이봉투에 붙인다.

MAKING TIP

손잡이가 없는 봉투에 손잡이를 만드는 만큼 두께감이 있는 종이를 선택한다.

Friendly &
Soft deco
종이테이프

알록달록 다양한 색과 재질을 가진 종이끈과 리본,
쉽고 간단하게 센스 있는 포인트를 완성하는
마스킹테이프 & 라인테이프, 종이테이프를 이용한
포장 방법은 누구라도 쉽고, 간단하게 원하는 모양
으로 장식을 완성할 수 있습니다.
우리가 모르고 지나쳤던 평범한 종이의 특별한 변
신이 궁금하다고요?!
종이를 이용한 화려한 데커레이션 아이디어를
지금 아낌없이 공개합니다.

64 종소리 울려라

종소리 울려라~ 종소리 울려라~ 하얀 눈 내리는 크리스마스의 추억이 떠오르나요?
온 세상이 사랑과 기쁨으로 가득한 날, 희망과 소원이 이루어지기를 바라는
종 장식을 활용해 기억에 남을 특별한 선물을 완성하세요.

재료 폭 3.2 × 길이 4cm
양면 패턴종이, 스테이플러, 펀치, 가위, 리본

1. 종이를 여러 장 겹쳐 스테이플러로 고정한 뒤 도안대로 8개 자른다.
2. 오린 종 모양 윗부분에 펀치로 구멍을 낸다.
3. ②를 리본에 차례대로 끼운다.
4. 종 모양 종이가 빠지지 않도록 앞과 뒤에 매듭을 짓는다.
5. 상자 위에 ④를 얹고 옆에서 매듭을 짓는다.

MAKING TIP

리본은 위쪽보다 옆쪽에서 매듭지어
장식을 가리지 않아야 예쁘다.

65 응답하라, 그대

20120907, 19970303…… 알 수 없는 숫자들이라고요?
어떤 이에게는 아름다운 추억의 문을 여는 중요한 암호가 될지도 모릅니다.
우리들만 아는 사랑의 암호, 응답해 주세요!

재료

머메이드지, 펀치, 스테이플러, 가위, 리본

1. 기념일에 해당되는 숫자를 인쇄한 다음 머메이드지와 스테이플러로 고정한 뒤 오린다.
2. 숫자 윗부분에 펀치로 구멍을 뚫는다.
3. 포장한 상자를 리본으로 묶고 나머지 시접을 길게 늘어뜨린다.
4. 늘어뜨린 종이끈에 숫자를 하나씩 끼우고 매듭을 지으면서 끼운다.

 **MAKING TIP**

마지막 숫자의 매듭은 두 번 묶어 단단하게 고정한다.

⁶⁶ 완전히 새 됐어

정교하게 만들어진 새 장식은 흔히 볼 수 있는 꽃보다 훨씬 신선하게 다가옵니다.
주어진 도안을 활용하면 누구나 쉽게 새 그림을 장식으로 다양하게 활용할 수 있답니다.

⁶⁷판타스틱 베이비

색색의 머핀종이를 층층이 붙이는 것만으로 로맨틱한 분위기를 살려 특별한 포장을 할 수 있어요. 요즘에는 다양한 크기와 컬러를 가진 머핀종이가 많아 누구나 쉽게 원하는 장식을 마음껏 표현할 수 있답니다.

재료 폭 4.5 × 길이 9.5cm
색지, 펀치, 가위, 딱풀

1. 색지를 도안대로 새 모양과 나뭇잎 줄기 모양으로 자른다.
2. 새의 아래 부분에 펀치로 구멍을 뚫는다.
3. ②의 구멍에 나뭇잎 줄기를 넣는다.
4. 새가 달린 나뭇잎 줄기를 상자에 두른 뒤, 다시 새의 구멍으로 통과시켜 상자를 한 바퀴 두른다.
5. 새가 상자 위에 예쁘게 놓이도록 끈을 조절하고 딱풀로 새와 줄기 부분을 함께 붙인다.

나뭇잎의 길이는 상자를 두르고 10cm 정도 여유가 있게 자른다.

재료
머핀종이, 리본, 글루건

1. 머핀종이를 반으로 접은 뒤 양쪽을 가운데로 모아 고깔 모양으로 접는다.
2. 리본 위에 고깔을 겹겹이 겹치며 글루건으로 붙여나간다.
3. 머핀 고깔을 붙인 리본을 포장한 상자에 두른다.
4. 뒤에서 리본을 붙여 고정한다.

 MAKING TIP

머핀종이를 접을 때는 색이 진한 면이 위에 오도록 한다.

Friendly & Soft deco 종이테이프 | Paper Decoration

68 어서 말을 해

어여쁜 리본에 진심을 담은 메시지를 넣었어요.
별다른 편지 없이도 응원의 마음을, 축하의 마음을, 사랑의 마음을 전달할 수 있답니다.
원하는 문구를 색지에 출력해 쉽게 활용할 수 있지요.

1) 레터링 리본

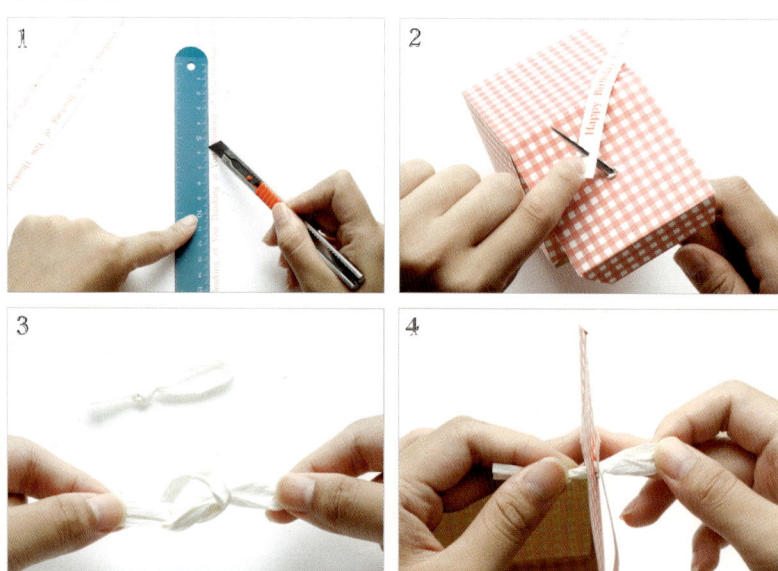

재료
디에스지, 송곳, 칼, 가위, 자, 리본

1. 컴퓨터로 원하는 문구를 써서 인쇄한 후, 인쇄한 종이를 1cm 폭으로 잘라 띠를 만든다.
2. 뚜껑 안쪽에 송곳을 넣고 띠와 함께 구멍을 뚫는다.
3. 리본으로 고리를 만든다.
4. 띠와 뚜껑의 구멍에 리본을 끼워 뚜껑 밑에서 매듭짓는다.

 **MAKING TIP**

고리는 위로 잡아당기기 때문에 메시지를 끼운 다음 따로 고정시킬 필요는 없다.

2) 레터링 리본

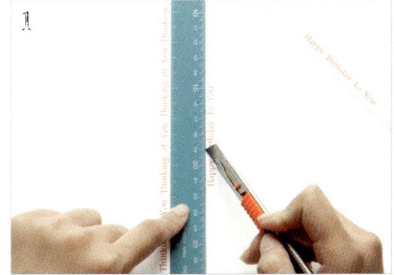

재료
디에스지, 칼, 가위, 자, 리본, 풀

1. 컴퓨터로 원하는 문구를 써서 인쇄한 후, 인쇄한 종이를 1cm 폭으로 자른다.
2. 자른 띠는 중앙에 고리 모양을 만든다.
3. 고리 모양을 리본에 붙이고 상자를 둘러 고정한다.

MAKING TIP

집에 있는 프린터를 이용해 원하는 문구를 색지에도 인쇄할 수 있다.

69 로맨틱 결

서로 다른 넓이의 마스킹테이프를 가로, 세로로 붙여주는 것만으로
모던하고 시크한 체크 프린트를 만들 수 있어요. 굉장히 멋스러운 선물 포장이 된답니다.
마스킹테이프는 만들기에 서툰 사람도 간편하게 사용할 수 있지요.

재료
색한지(또는 흰색 모조지), 마스킹테이프

1. 색한지로 상자를 포장한 다음 마스킹테이프를 가로, 세로로 붙인다
2. 마스킹테이프의 폭을 달리하면서 붙여 감각적인 패턴을 완성한다.

MAKING TIP

마스킹테이프나 라인테이프는 종이에 붙였다가 다시 떼내면 자국이 남기 때문에 신중하게 붙인다.

70 해피 트윈스

두 개의 선물 상자를 선물할 때 고민이라고요?
컬러가 예쁜 라인테이프로 상자를 묶으면 선물 상자도 고정시킬 수 있고,
장식의 기능도 할 수 있어 일석이조의 효과를 기대할 수 있답니다.

재료
라인테이프, 자

1. 크기가 다른 상자 2개를 포갠다.
2. ①에 라인테이프를 일정한 간격으로 3번 둘러 세로로 붙인다.
3. 가로로 둘러 완성한다.

MAKING TIP

테이프를 붙일 때 자나 종이를 대어 가이드라인을 만들고 붙이면 깔끔하다.

71 네 이름을 말해 봐

일회용 용기는 그대로 두면 쓰레기통으로 직진하지만,
조금만 달리 생각하면 근사한 선물 상자가 된답니다.
특히, 플라스틱 통에는 마스킹테이프를 몇 번이고 고쳐 붙일 수 있어
초보자도 자신이 원하는 모양을 만들어 선물할 수 있어요.

재료
일회용 용기, 마스킹테이프, 가위, 네임 펜

1. 마스킹테이프를 동그랗게 자른다.
2. 반원이 되도록 반으로 자른다.
3. 일회용 용기 위에 사각 모양으로 붙인다.
4. 네임 펜으로 이름을 써서 완성한다.

 MAKING TIP

마스킹테이프를 스티커의 뒷면이나
비닐에 붙인 뒤 오리면 원하는 모양으
로 쉽게 자를 수 있다.

72 핑크 레이디

포인트가 되는 리본 장식 하나만 있어도 화려한 분위기를 맘껏 연출할 수 있지요.
독특한 무늬의 마스킹테이프를 이용해 리본을 만들어 보세요.
화려한 패턴의 마스킹테이프가 리본으로 변신한답니다.

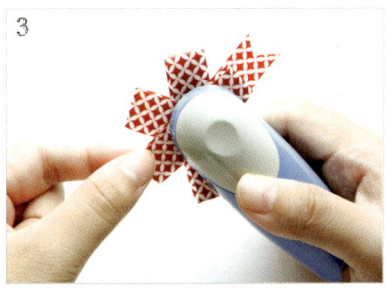

재료
마스킹테이프, 스테이플러, 양면테이프

1. 마스킹테이프를 적당한 길이로 자른 뒤 접착면을 서로 맞대어 붙인다.
2. 위와 같은 방법으로 3개를 만든 후, 각각 둥글게 모양을 잡는다.
3. 3개를 겹친 다음 가운데 부분에 스테이플러로 찍어 꽃 모양을 완성한다.
4. 스테이플러를 찍은 부분에 마스킹테이프를 붙여 가린 뒤 상자에 붙인다.

 MAKING TIP

마스킹테이프 리본의 뒷면을 가릴 때는 패턴을 잘 맞춰 붙여야 예쁘다.

 MAKING TIP

마스킹테이프는 약간 비치기 때문에
겹쳐 붙이면 새로운 컬러 효과가 난다.

재료
쿠키상자, 마스킹테이프, 가위

1. 마스킹테이프를 사각으로 잘라 쿠키상자에 붙인다.
2. 다른 마스킹 테이프를 삼각으로 잘라 붙여 지붕을 만든다.
3. 창문을 붙여 완성한다.

73 착한 상자

마땅한 포장 상자가 없어 고민이라면,
재활용 통 속에 버려진 쿠키와 케이크 상자를 활용해 보세요.
마스킹테이프로 간단하게 꾸미면 근사한 선물 상자로 다시 태어난답니다.

74 그대에게 비밀은 없어

속이 훤히 보이는 비닐을 활용하면 예쁜 선물을 더욱 돋보이게 할 수 있어요.
당신의 마음을 그대로 보여줄 수 있으니 좋은 선물이 되겠지요?
지퍼 백에는 마스킹테이프를 여러 번 떼었다 붙일 수 있으므로
원하는 모양이 나올 때까지 마음 편히 도전해 봅시다.

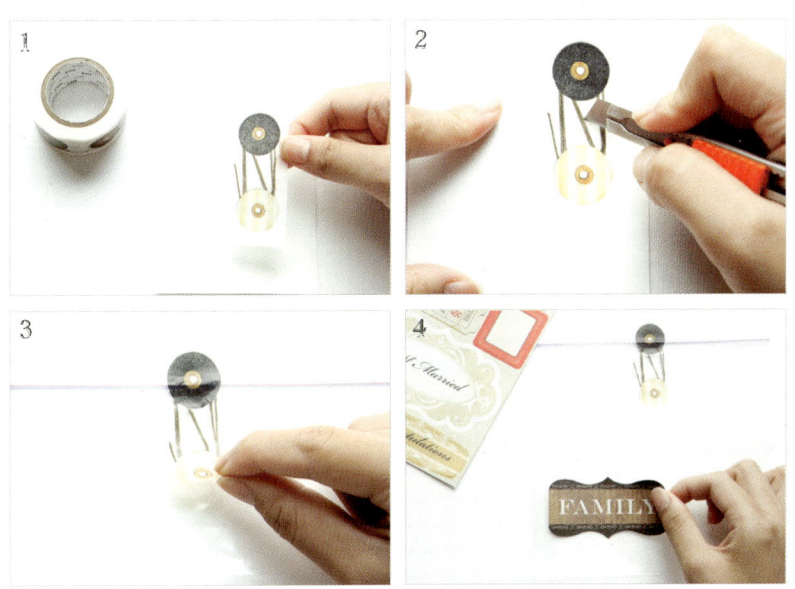

재료
지퍼 백, 라벨 스티커, 마스킹테이프, 스티커 뒷장, 칼

1. 일러스트가 그려진 마스킹테이프를 쓰고 남은 스티커 뒷면 종이에 붙인다.
2. 일러스트 모양대로 칼로 자른다.
3. ②를 떼어낸 다음 지퍼 백 입구 부분에 다시 붙인다.
4. 라벨 스티커를 붙여 장식한다.

 MAKING TIP

시트지의 뒷면이나 스티커를 떼고 나면 남게 되는 코팅면에 마스킹테이프를 붙여 자르면 원하는 모양으로 자르기 쉽다.

75 통통 튀는 그대

양철통을 활용한 선물 상자는 너무나 재미난 아이디어 아닐까요?
양철통은 어디서나 쉽게 구입할 수 있지만 선물 상자로 활용하는 경우는 드물죠.
이런 독특한 아이디어가 당신의 선물을 특별하게 만들어 줄 것입니다.

재료
양철통, 마스킹테이프, 칼

1. 양철통에 옅은 색 마스킹테이프를 사각으로 잘라 윗부분에 붙이고, 진한 색 마스킹테이프를 작게 잘라 심 부분에 붙인다.
2. 마스킹테이프를 삼각으로 잘라 연필 모양을 만든다.
3. 나머지 부분에 컬러풀한 마스킹테이프를 길게 붙여 완성한다.

MAKING TIP

연필 심 부분은 미리 잘라 붙이면 맞추기 힘드니 붙인 다음 한번에 정확히 칼로 자른다.

76 우리들의 축제

그 옛날 운동회가 떠올라 살포시 웃음이 나요.
언제나 신나고 들뜨던 그날의 추억을 우리 아이에게 다시 선물하고 싶어요.
아이를 위한 특별한 파티에 활용해 보세요.
유치원에서 아이들 한명, 한명에게 선물할 때도 좋답니다.

MAKING TIP

라인테이프를 이용하면 펜으로 그리는 것보다 깨끗하게 선을 표현할 수 있다.

재료
종이컵, 라인테이프, 마스킹테이프, 가위

1. 종이컵에 라인테이프를 붙여 선을 그린다.
2. 선 아랫부분에 마스킹테이프를 깃발 모양으로 잘라 붙인다.

77 신사의 품격

멋들어진 나비넥타이는 당신의 품격을 떠오르게 해요.
평범한 봉투라고 해도 걱정하지 마세요.
리본 장식 하나만으로도 훌륭한 포인트를 줄 수 있어요.
간단한 아이디어 하나로 기분 좋은 선물 포장을 완성하세요.

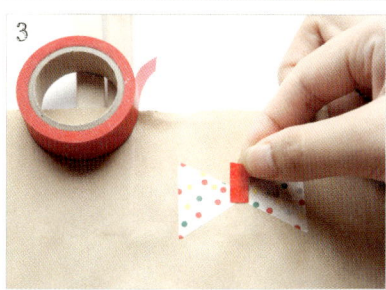

재료
크라프트 봉투 1개, 마스킹테이프, 스탬프, 스티커 뒷장, 칼

1. 마스킹테이프를 크라프트 봉투에 넓게 붙인다.
   가는 마스킹테이프인 경우 3줄 정도 겹쳐 붙인다.
2. 리본 모양으로 자른 다음 나머지 부분은 떼어낸다.
3. 빨간색 마스킹테이프를 잘라 가운데 부분에 포인트를 준다.
4. 스탬프를 찍는다.

 MAKING TIP

마스킹테이프는 종이에 붙이면 다시 떼기 힘들다. 그러므로 모양을 완전히 만들기 전에는 너무 딱 붙이지 않는 것이 좋다.

PART 4

paper
Wrapping
& card

세상에는 네모난 상자에 넣지 못하는 마음도 많답니다.
선물 저마다의 개성을 살린 스타일리시한
종이 포장법을 배워 보세요.
병, 음식처럼 특별한 모양을 그대로 드러내면서도
감각을 더하는 비장의 무기를 알려 드릴게요.
더불어 세상에 단 하나뿐인
핸드메이드 카드 만드는 법도 소개합니다!

1. Special Wrapping 스페셜 포장
2. Unique Card 핸드메이드 카드

Special Wrapping
스페셜 포장

자유자재로 형태를 만들 수 있는 종이를 이용해
색다른 종이 포장에 도전해 볼까요?
선물 종류와 상황에 따라 다양한 아이디어로
변신할 수 있는 것이 바로, 종이 포장의 매력입니다.
봄에 피어난 아름다운 꽃이 되기도 하고,
멋진 신사에 어울리는 넥타이로 변신하기도 하고,
귀여운 고깔이 되어 즐거움을 선사하기도 하지요.

남들과 다른 아이디어, 남들과 다른 감동을
준비하고 있다면 지금 바로 도전해 보세요.

⁷⁸ 아름다운 꽃다발

작은 반지나 귀걸이 같은 액세서리나 아이들의 소품 포장에 좋은 방법이에요.
종이를 여러 겹 겹치면 더욱 풍성한 꽃이 되니 선물의 크기를 고려해 밸런스를 맞추세요.

재료 가로 13 × 세로 12cm
습자지, 끈, 태그, 가위

1. 습자지를 1~2장 겹친 다음, 1/4로 접어 도안대로 재단한다.
2. ①을 펴서 가운데 선물을 놓는다.
3. 보자기 모양이 되도록 가운데를 끈으로 묶는다.
4. 리본에 태그를 끼워 완성한다.

선물의 크기와 꽃잎의 비율을 적절히 조절해 가며 꽃잎을 모양을 키워나간다.

79 낭만 프로젝트

화장품이나 컵, 병 등을 선물할 때는 고민이 많아집니다.
이럴 때 부드러운 소재의 종이를 활용해 근사한 포장을 완성해 보면 어떨까요?
얇은 습자지나 꽃 부직포는 원하는 대로 모양을 낼 수 있어요.

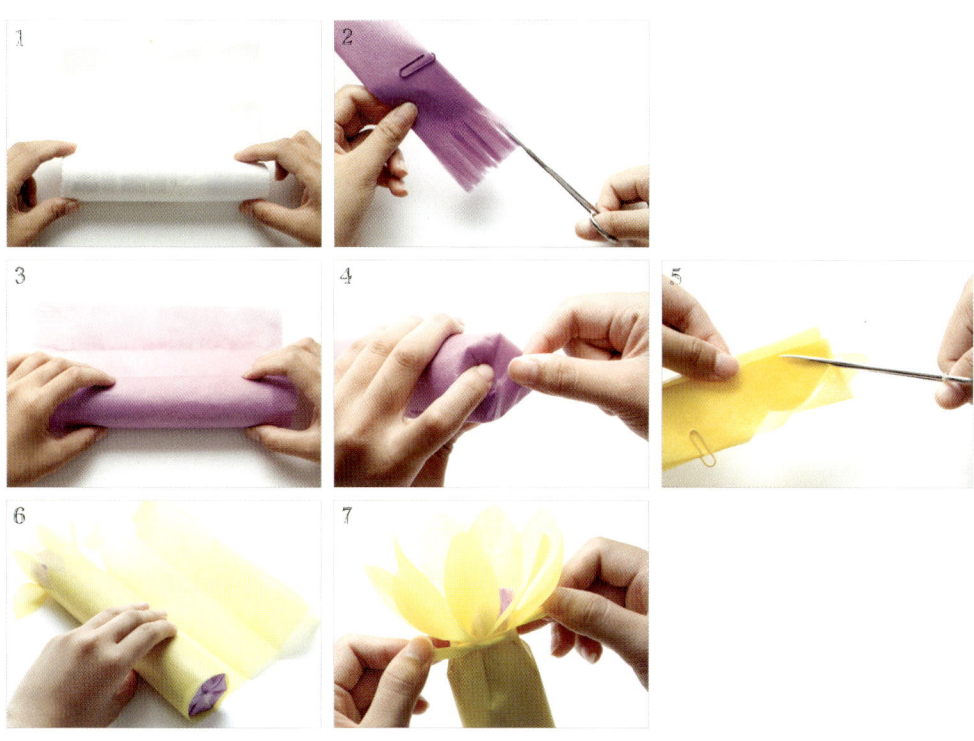

재료
꽃 부직포(또는 습자지), 리본, 가위, 풀, 클립, 양면테이프

1. 꽃 부직포로 병을 먼저 싼다.
2. 술 부분이 될 꽃 부직포의 가로 사이즈는 병의 둘레의 2~3배, 세로는 병 길이보다 5~8cm 크게 재단한다. 종이를 겹쳐 접은 후 윗부분을 술 모양으로 자른다.
3. 병을 놓고 ②를 감는다.
4. 아랫부분은 안으로 접어 붙인다.
5. 꽃잎 부분의 종이는 겹친 다음 촛불 모양으로 잘라 꽃잎을 완성한다.
6. 병을 놓고 한번 감싼다.
7. 리본으로 매듭짓는다.

 MAKING TIP

병 포장에 앞서 흰 종이나 부직포로 병을 감싸 주지 않으면 자칫 선물이 비쳐 보일 수 있다.

80 로맨틱 넥타이

포장지로 싸기 힘든 와인 병에 리본 하나로 포인트를 줄 수 있는 아이디어가 돋보이지요?
근사한 넥타이로 인해 와인의 품격도 올라가는 것 같네요.
와인 병 뿐 아니라 상자 위에 리본 대신 활용해도 좋습니다.

재료 폭 5 × 길이 10cm
양면 패턴종이, 가위, 풀, 양면테이프

1. 종이를 도안대로 재단한다.
2. 한쪽 날개를 접어 가운데로 가져온다.
3. 다른 한쪽의 날개도 가운데로 가져와 서로 붙인다.
4. 리본을 뒤집으면 모양이 완성된다.
5. 병 목 부분에 끼울 띠를 만든다.
6. 띠에 리본을 붙여 완성한다.

 **MAKING TIP**

넥타이가 처지지 않도록 양면 패턴 종이처럼 두께감이 있고 코팅된 종이를 사용한다.

81 오! 큐티 보이

간단한 종이접기로 입체적인 나비넥타이를 만들 수 있어요.
세련되고 도시적인 이미지를 선물할 수 있는 기회가 됩니다.
뒤에 집게 핀을 달면 아이의 패션 소품으로도 활용 가능하답니다.

재료 가로 9 × 세로 5cm
양면 패턴종이(또는 색지), 양면테이프, 칼, 가위, 자

1. 종이를 도안대로 재단한다.
2. 가운데를 중심으로 안쪽으로 반을 접는다.
3. 접은 종이를 바깥 방향으로 뒤집어 양옆을 둥글게 접는다.
4. 막대기처럼 달린 부분을 이용해 가운데를 둘러 붙여 리본을 완성한다.

MAKING TIP

두꺼운 종이를 사용할 경우 꼭 본폴더나 칼등으로 점선 부분을 자국을 낸 뒤 접어야 한다.

⁸² 그대의 다이아몬드

만만한 색종이 한 장으로 근사한 포장이 가능합니다.
특히 프린트가 있는 색종이를 이용해 별다른 장식 없이 멋진 패키지를 완성했어요.
납작하고 부피감이 없는 선물 포장에 제격입니다.

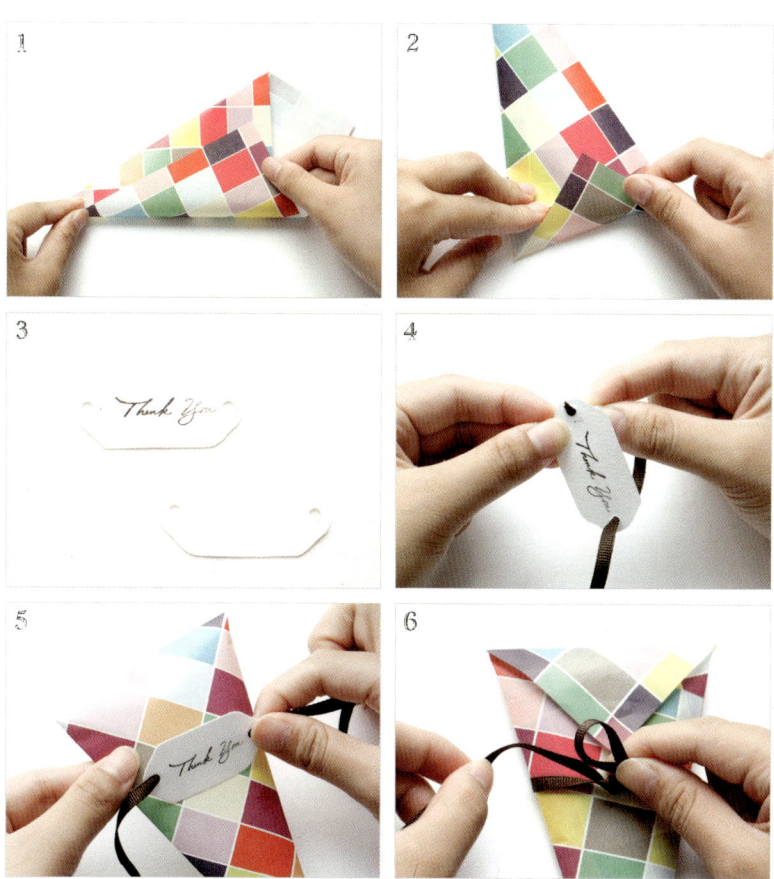

재료

색종이, 색지, 리본, 송곳, 가위, 풀

1. 가로 15 × 세로 15cm 크기의 색종이를 고깔 모양으로 접는다.
2. 선물을 넣고 윗부분을 접어 뚜껑을 덮는다.
3. 태그를 도안대로 잘라 만든 뒤 양쪽에 구멍을 뚫는다.
4. 리본을 양쪽에 끼운다.
5. 태그를 ②의 앞부분에 살짝 붙인다.
6. 뒤에서 리본 묶어 완성한다.

 MAKING TIP

색종이 안에 도일리를 접어 넣으면 훨씬 고급스러운 패키지가 완성된다.

83 스위트 쿠키

핸드메이드 쿠키를 하나씩 포장할 수 있는 아이디어랍니다.
쿠키가 눅눅해지는 것도 방지하고 낱개 포장이라 보관도 편리하지요.
뻔한 비닐 포장 대신 쿠키를 구울 때 사용하는 유산지를 활용해
색다른 분위기를 연출할 수 있어요.

재료 가로 6 × 세로 6cm
유산지, 색지, 둥근 펀치, 스탬프, 풀, 가위, 스테이플러, 리본, 라벨

1. 도안대로 유산지를 재단한다.
2. 색지에 이니셜을 찍고 펀치로 뚫는다.
3. 리본에 ②를 붙인다.
4. 유산지 위에 과자를 올린 뒤 접는다.
5. 다 접은 후 만들어 놓은 라벨을 가운데 붙인다.

MAKING TIP

유산지를 여러 겹 스테이플러로 찍은
뒤 원하는 모양으로 오린다.

84 하트 바스켓

특별한 아이디어가 돋보이는 사랑의 바구니를 소개합니다.
동그라미 2개로 새로운 형태의 고깔 모양 바구니를 만들었어요.
화이트데이, 할로윈 파티 등 특별한 날 사탕 바구니로 활용해 보면 어떨까요?

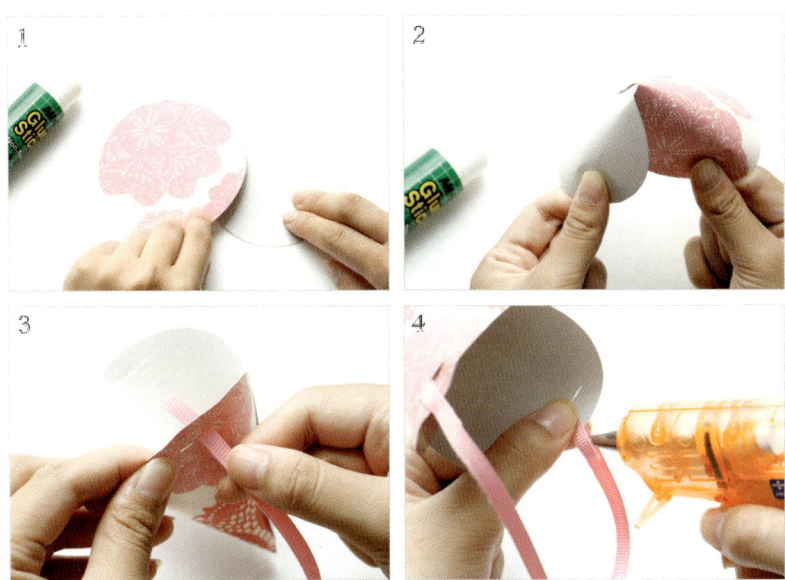

재료
양면 패턴종이(2가지 색), 리본, 가위, 딱풀, 칼, 글루건

1. 종이를 둥글게 2장 자른 뒤 도안처럼 겹쳐 붙인다.
2. 직각으로 붙여 고깔 모양을 완성한다.
3. 양옆에 칼집을 내고 리본을 끼운다.
4. 칼집에 끼운 리본을 돌려 붙여 끈을 만든다.

바구니의 폭은 겹치는 부분으로 조절한다. 겹치는 부분이 적을수록 많이 벌어지는 바구니가 된다.

85 귀여운 너

일반 봉투의 귀여운 변신이 시작되었어요.
편지봉투의 모서리를 맞대어 삼각에 도전했습니다.
반투명한 유산지를 이용하면 보다 세련된 포장을 할 수 있어요.

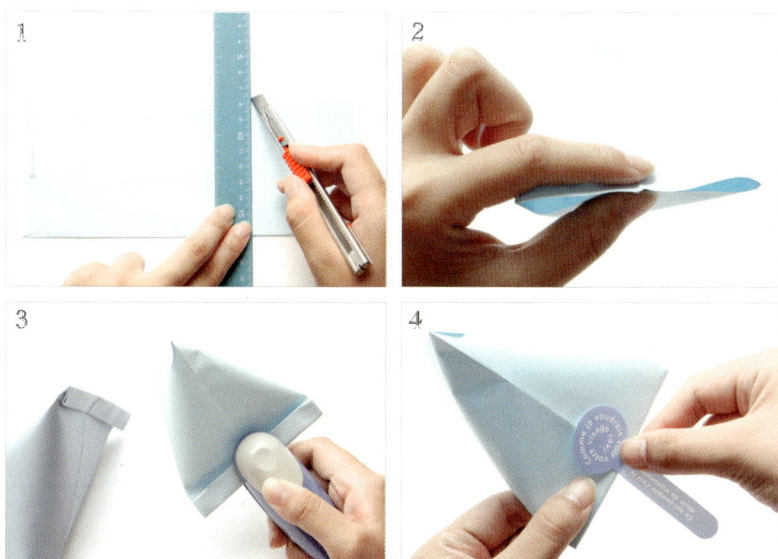

재료 가로 18 × 세로 9cm
편지봉투, 스티커, 스테이플러, 칼, 가위, 자

1. 편지봉투를 정사각형보다 약간 길게 자른다.
2. 선물을 넣고 양 옆을 맞대어 붙여 삼각형이 되도록 한다.
3. 윗부분을 2번 접어 스테이플러로 찍는다.
4. 스테이플러로 찍은 부분에 스티커를 붙여 완성한다.

 MAKING TIP

종이봉투 대신 쿠키 포장 비닐을 이용하는 것도 좋다. 여러 개의 선물을 준비할 때 유용하다.

86 달콤한 그대

견과류나 떡 등을 포장할 때 이용하면 매우 좋은 포장법이에요.
아이들 단체 간식 선물에도 좋고, 특히 떡 포장일 경우 태그 꼬치를
포크로 활용할 수 있어 매우 실용적이랍니다.

MAKING TIP

종이는 한 번에 구멍을 낸다. 구멍낼
때는 종이가 접히지 않도록 주의한다.

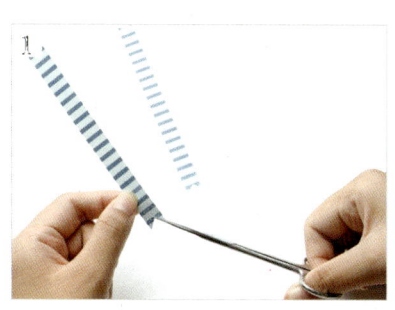

재료
양면 패턴종이, 쿠키 비닐, 산적막대, 송곳, 칼, 가위, 자

1. 양면 패턴종이를 1cm 폭으로 길게 자른다.
2. 3번 구부린 다음 송곳으로 가운데 구멍을 뚫는다.
3. 웨이브 모양으로 산적막대에 끼운 뒤 쿠키 비닐에 꽂는다.

⁸⁷ 해피 디저트

신나는 간식 타임이 돌아왔어요.
이번에는 예쁜 태그가 달린 포크가 포인트랍니다.
포크에 각자의 이니셜을 새긴 태그를 만들면, 서로의 포크가 섞이지 않아요.

재료
컬러 트레팔지, 색지, 나무 포크, 가위, 풀, 글루건, 펜

1. 트레팔지를 다양한 크기의 동그라미로 자른다.
2. 여러 겹 겹쳐 가운데만 붙인다.
3. 색지에 메시지나 이름을 적어 가늘게 잘라 붙인다.
4. 나무 포크에 글루건으로 태그를 붙인다.

 MAKING TIP

단색 트레팔지를 여러 겹 붙이면 그러데이션 효과를 낼 수 있다.

88 내 마음이 보이나요

다양한 내용물을 함께 포장하고 싶다면 투명한 비닐을 이용해 보세요.
많은 양의 아이템을 나눠줄 때 활용하면 좋은 포장법이기도 합니다.
아이 소풍 길에 캐러멜, 초콜릿을 포장해 건네어 보세요.

재료
비닐봉투, 색지, 머핀종이, 가위, 풀, 글루건

1. 비닐봉투 폭 사이즈에 맞추어 색지를 자른다.
2. 머핀종이를 접어 트리를 만든다.
3. 종이 위에 트리 장식을 붙인다.
4. 색지를 반 접어 비닐봉투의 앞뒤에 양면테이프로 붙인다.

 MAKING TIP

라벨 스티커 종이에 출력해 붙이면 편리하다.

⁸⁹ 비타민 프로젝트

둥근 과일은 포장하기에 영 까다롭지 않나요?!
하지만 간단한 방법으로 센스 있는 과일 포장을 선보일 수 있답니다.
테이블 세팅 때 센터피스 혹은 네임 태그로 활용해도 좋아요.
식탁이 한층 특별해지는 순간을 경험할 수 있을 것입니다.

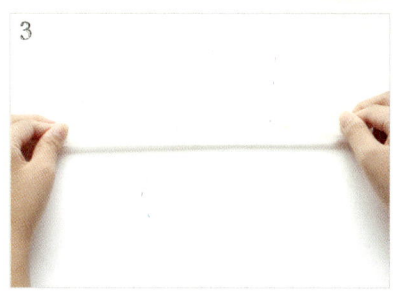

재료
색지, 종이포일, 지끈, 펀치, 가위, 펜

1. 색지에 이름을 쓴 다음 도안대로 그림을 그린다.
   (본을 트레팔지에 대고 그린 뒤 잘라 쓴다)
2. 줄기 부분에 펀치를 뚫는다.
3. 종이포일을 길게 잘라 2~3번 접는다.
4. 접은 포일을 과일에 두른 다음 끈으로 고정한다.
5. 고정시킨 끈에 나뭇잎을 끼운 뒤 리본으로 묶어 마무리한다.

 MAKING TIP

여러 명에게 나눠줄 때 이름을 새겨 넣어주면 네임 태그의 역할을 할 수 있다.

⁹⁰ 아라비안 나이트

정성이 많이 들어가는 만큼 화려하고 근사한 포장이 가능해요.
시접을 붙이지 않고 위쪽에서 끈으로 고정하므로 언제든 재활용할 수 있답니다.
수제 초콜릿이나 작은 캔디 등을 포장할 때 활용해 보세요.

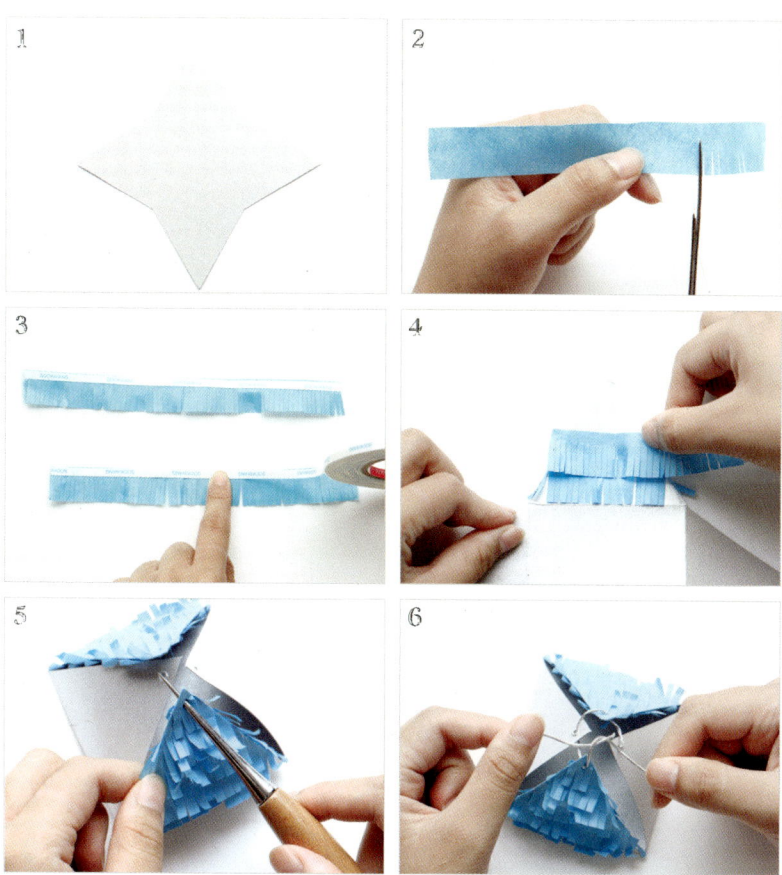

재료 가로 7 × 세로 7 × 높이 6cm
색한지(또는 습자지), 색지, 양면테이프, 끈, 가위, 송곳

1. 도안대로 색지를 이용해 삼각포장을 만든다.
2. 색한지는 윗부분에 0.5cm 공간을 남기고 술 모양으로 잘게 가위질한다.
3. ②의 윗부분에 양면테이프를 붙인다.
4. 술을 삼각포장 아래부터 층층이 붙인다.
5. 윗부분에 송곳으로 구멍을 뚫는다.
6. 끈을 끼워 묶는다.

MAKING TIP

술은 한쪽 면이나 아래쪽에만 붙여 줘도 화려한 느낌을 내기 충분하다.

Unique Card

핸드메이드 카드

2

다양한 재질을 가진 종이로 독특한 카드를
만들어 보세요. 아기자기한 매력이 가득한 카드는
예상치 못한 기쁨을 선사합니다.
두께감이 살아 있는 머메이드지, 화려한 문양이
매력적인 도일리, 안이 살짝 비쳐 속지와 겉지
모두에 사용할 수 있는 유산지 등 종이 각각이 지닌
특성을 마음껏 살려 카드를 만들 수 있습니다.
무궁무진하게 변신 가능한 종이의 매력이 한껏
발휘되는 순간이 아닐 수 없지요?!

누구나 쉽고 간단하게 만들 수 있지만 감동의 메시
지를 전하는 무게만큼은 그 어떤 선물에 뒤지지 않
는 종이 카드로 특별한 추억을 나누어 보세요.

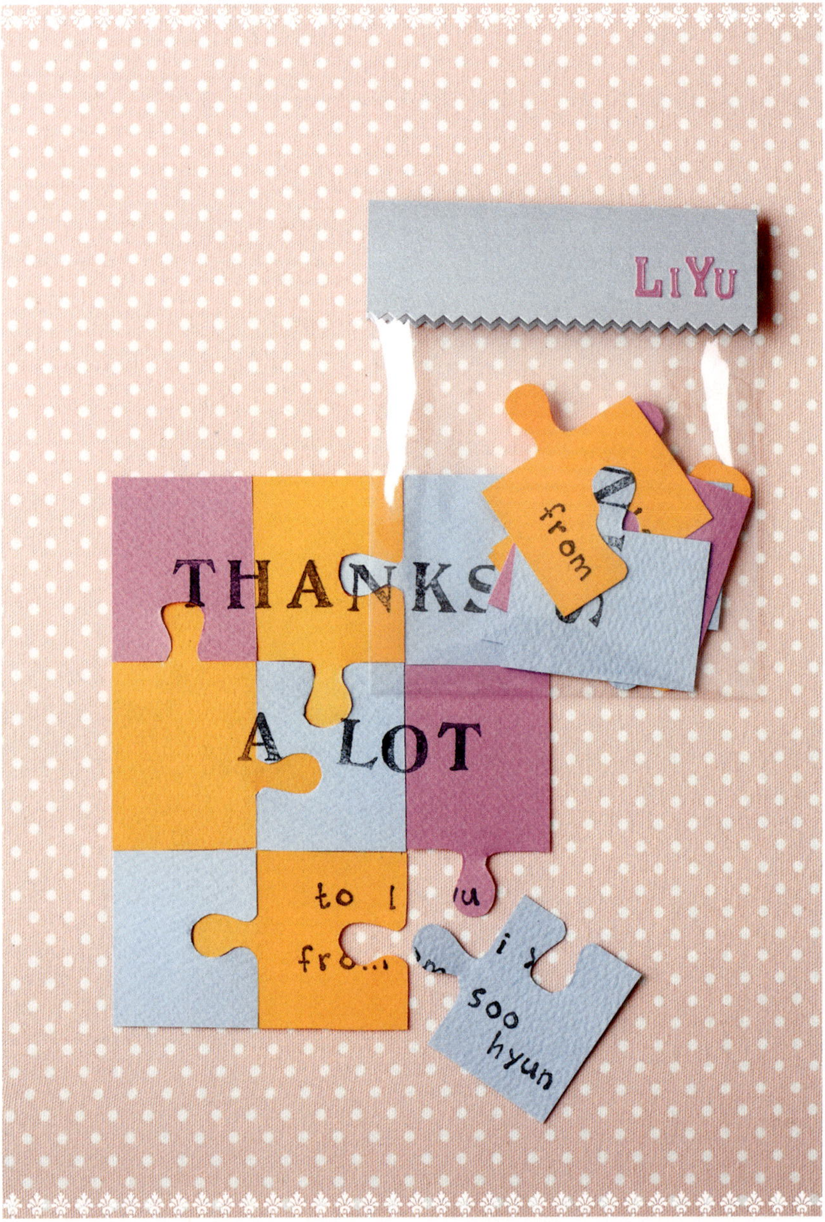
LiYu
THANKS
A LOT
from
soo
hyun

91 못 찾겠다 꾀꼬리

퍼즐을 활용한 재미난 카드 한번 보실래요?!
퍼즐을 맞추면서 내용을 알게 되는 재미가 쏠쏠하답니다.
재미난 추억을 하나하나 맞춰가는 평범하지 않은 카드로 특별한 날을 기념하세요.

재료 가로 12 × 세로 15cm
색지, 비닐봉투, 스탬프, 가위, 핑킹가위, 양면테이프

1. 색지를 도안대로(컬러를 다르게 하여) 자른다.
2. 퍼즐을 맞춘 다음 색지 위에 메세지를 적는다.
3. 카드를 비닐봉투에 분리해 넣고 핑킹가위로 모양낸 종이를 붙여 입구를 막는다.

MAKING TIP

뒷면에 두꺼운 종이를 붙인 다음 자르면 아이 놀잇감으로 이용할 수 있다.

92 고백하기 좋은 날

화려한 패턴을 이용해 고급스러운 카드를 만들어 볼까요.
사랑스러운 컬러를 가진 종이로 펀칭 카드를 만들면 로맨틱한 무드를 전할 수 있어요.
카드로 만드는 것인 만큼 어느 정도 두께감이 있는 종이를 선택하세요.

재료 가로 10 × 세로 17cm
색지, 보더펀치, 코너펀치, 라인테이프, 가위, 펜

1. 색지를 재단한 뒤 모서리를 코너펀치로 찍는다.
2. 테두리도 보더펀치로 펀칭한다.
3. 메시지를 적고 라인테이프로 테두리를 만들어 완성한다.

 MAKING TIP

보더펀치는 카드 만들기는 물론 매트 만들기, 스크랩북 등 다양한 곳에 활용할 수 있다.

93 너를 사랑해

편지를 풀어보니 커다란 하트가 등장하네요. 그 안에 또 작은 편지 봉투….
봉투를 풀 때마다 등장하는 하트에 마음은 이미 기쁨으로 가득합니다.
드디어 마지막 봉투를 풀면 꽁꽁 숨겨두었던 그대의 마음이 보이네요. 고맙습니다.

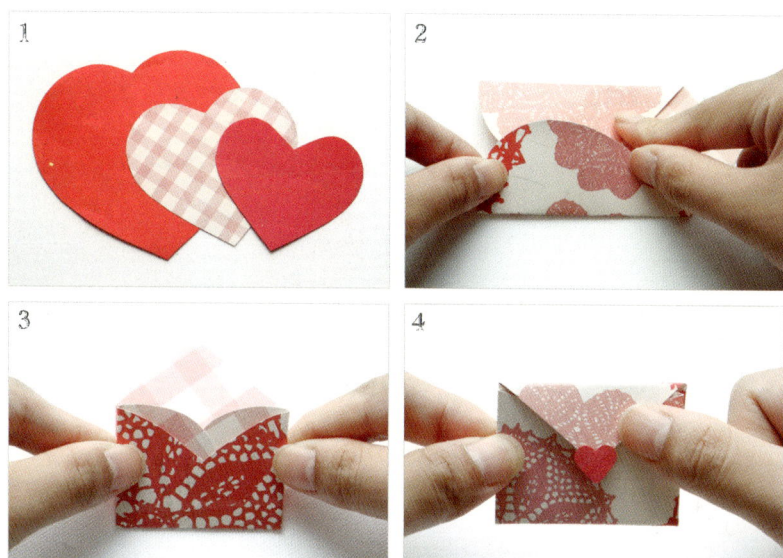

재료
색지, 색종이, 가위, 스티커

1. 도안대로 하트를 자른다.
2. 양옆은 시접을 따라 접는다.
3. 아래에서 위로 접는다.
4. 뚜껑 부분을 덮고 스티커로 고정한 다음 크기별로 겹쳐 넣는다.

하트는 다른 크기로 여러 겹 만들어
가장 안쪽에만 메시지를 적는다.

94 해피 발렌타인데이

사랑하는 마음을 표현하기에 한 개의 하트로는 부족하다고요.
입체 하트 카드를 펼쳐 보니 또 다른 4개의 하트가 마음을 사로잡네요.
그동안 하고 싶었던 말을 맘껏 하세요.
4개의 하트가 모인 만큼 마음을 전할 공간도 충분하답니다.

재료
색지, 가위, 양면테이프

1. 도안대로 재단한다.
2. 반으로 접는다.
3. 양옆을 접어 넣는다.
4. 겉면에 메시지를 적어 붙인다.

MAKING TIP

하트가 펼쳐지면 카드 크기의 4배가 되기 때문에 안쪽에 글을 쓸 공간이 넉넉하다.

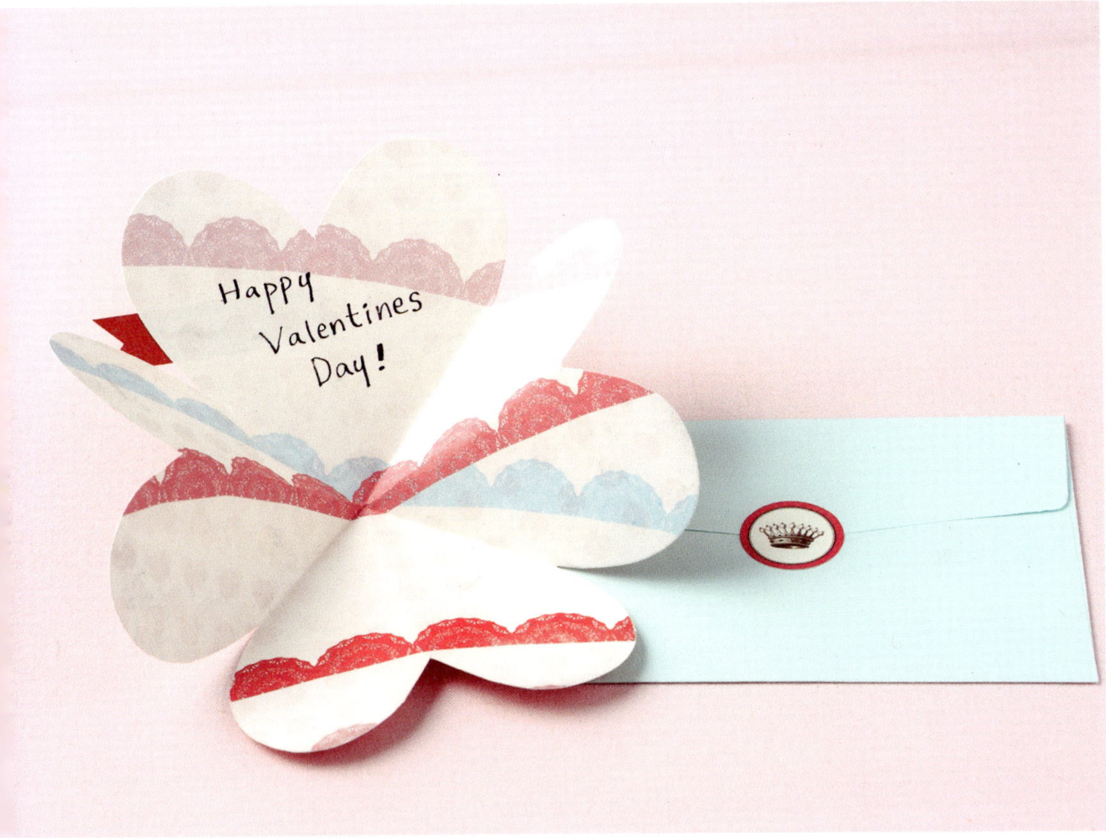
Happy
Valentines
Day!

1
2
3
4
love

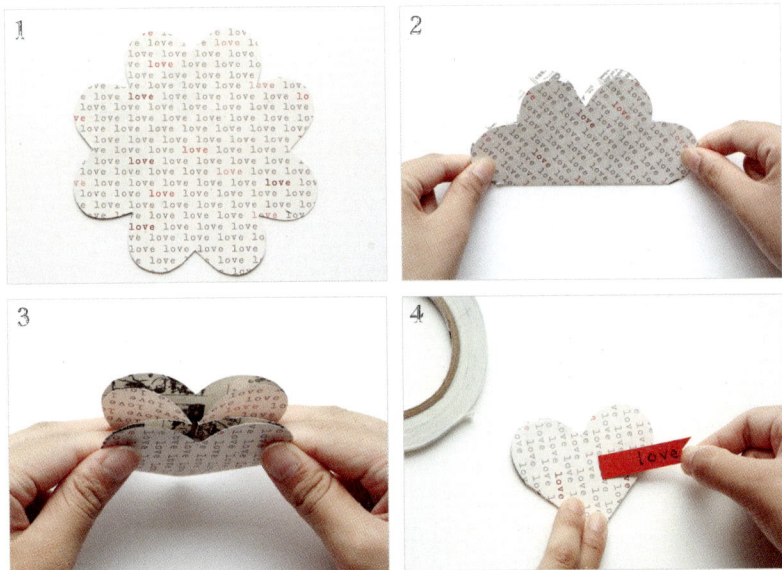

95 사랑의 프로포즈

프로포즈의 순간, 소박하지만 정성이 담긴 카드는 필수겠지요.
달콤하게 프로포즈하고 싶다면 카드 하나도 소홀히 하지 않도록 하세요.
간단한 종이오리기로 특별한 진심을 전할 수 있습니다.

1.

2.

3.

재료
색지, 두꺼운 종이, 클립, 칼, 양면테이프, 풀

1. 색지를 카드의 앞면 크기인 가로 8 × 세로 8cm로 2장 잘라 클립으로 고정한 뒤 도안대로 칼집을 낸다.
2. 칼로 칼집 낸 부분을 접어 올리고 나머지 부분은 붙인다.
3. 두꺼운 종이를 가로 8 × 세로 16cm 크기로 잘라 반으로 접은 뒤 앞면에 붙여 완성한다.

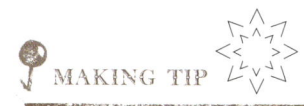

MAKING TIP

속지를 다른 색으로 만들면 입체감이 살아 한층 로맨틱하다.

96 매력적인 그대

편지 봉투를 열면 메시지를 볼 수 있는 매력적인 카드입니다.
공간감이 있어 가벼운 선물을 함께 넣을 수 있어 더욱 실용적이지요.
봉투를 마감하는 부분에 스티커를 붙이면 별다른 장식 없이 스타일이 살아납니다.

MAKING TIP

봉투가 편지지가 되는 것으로 뚜껑이 교차되어 덮이게 되므로 시접 부분도 장식처럼 느껴진다. 뚜껑은 한 방향으로 접는다.

재료 가로 12 × 세로 8.5cm

색지, 칼, 가위, 스티커, 펜

1. 도안대로 재단한다.
2. 안쪽에 메시지를 적고, 4개의 반원을 한 방향으로 겹쳐 접는다.
3. 스티커나 색지로 고정한다.

97 내 마음의 보석상자

상자의 리본을 살짝 풀면 숨겨져 있던 메시지가 펼쳐집니다.
양면이 다른 컬러나 프린트를 가진 종이를 활용하면 리본을 푸는 순간,
안에서 드러난 다른 종이의 매력으로 또 한 번 기분좋게 웃을 수 있을 거예요.

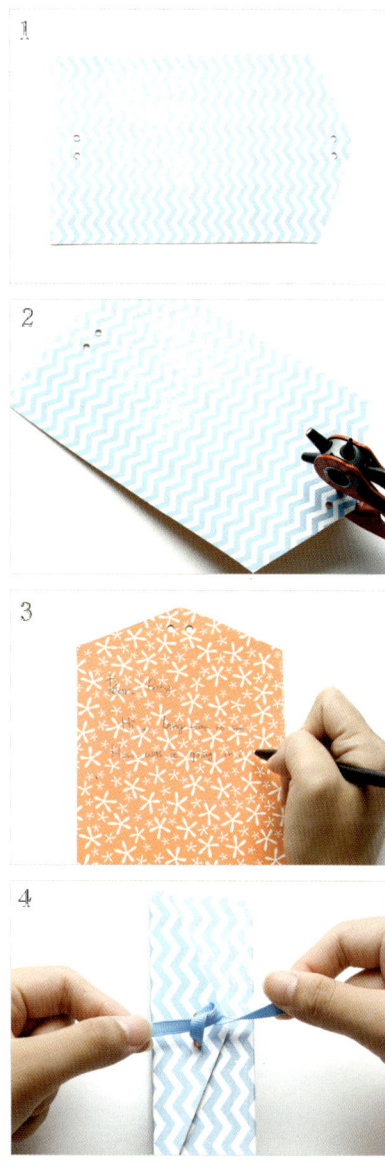

MAKING TIP

돌잔치 때 손님께 드리는 감사 편지로 활용하면 좋다. 안쪽에 작은 선물을 붙여도 된다.

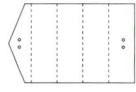

재료 폭 12 × 높이 4cm
양면 패턴종이, 펀치, 리본, 칼, 가위, 자, 펜

1. 도안대로 종이를 재단한다.
2. 펀치로 구멍을 뚫는다.
3. 메시지를 쓴다.
4. 점선을 따라 접어 구멍에 리본을 끼워 맨다.

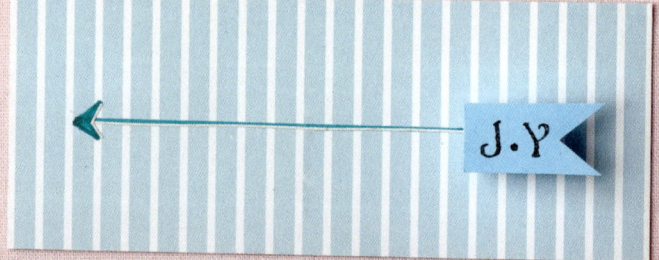

⁹⁸ 사랑의 큐피트

사랑의 큐피드를 연상시키는 화살 카드를 소개합니다.
카드에 달린 메시지를 화살표 방향으로 살짝 당기면 메시지가 나타나는 재미난 카드랍니다.
위트 있는 아이디어로 카드를 받는 순간, 함박 웃음이 터져 나올 것입니다.

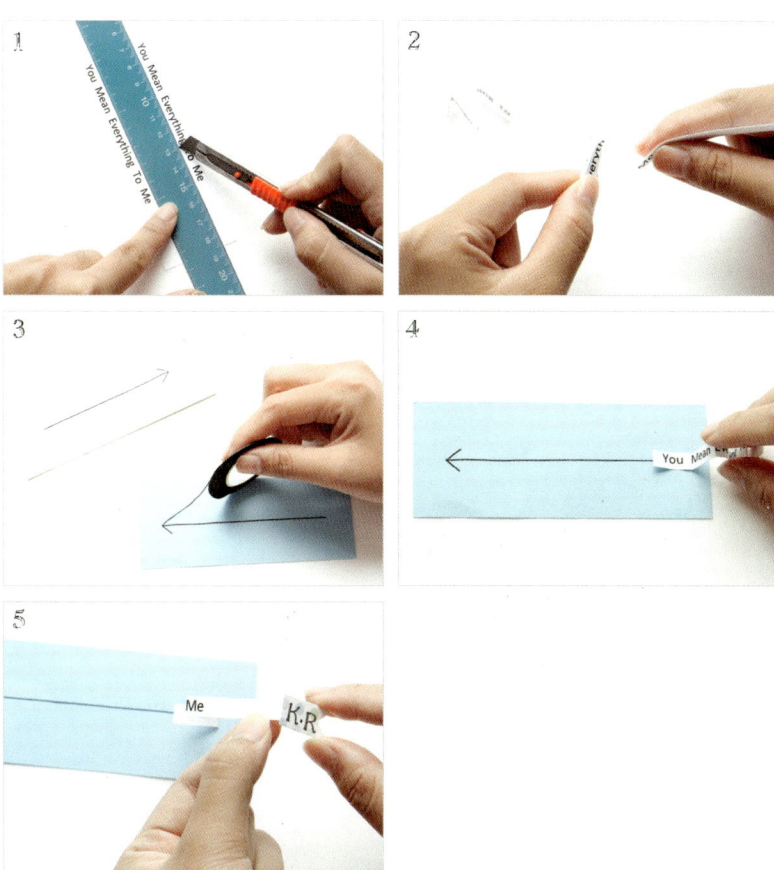

재료 가로 15 × 세로 5cm
색지, 라인테이프, 칼, 가위, 자, 풀, 펜

1. 메시지는 출력하거나 손으로 쓴 다음 길게 자른다.
2. 메시지 종이를 지그재그로 접는다.
3. 색지를 직사각형으로 자른 뒤 라인테이프로 화살을 표현한다.
4. 접어놓은 메시지 종이를 화살 끝에 붙인다.
5. 메시지의 끝에 색지를 잘라 붙이고 이니셜을 써 완성한다.

 MAKING TIP

라인테이프가 진하고 또렷하게 보인다. 없을 경우 펜으로 그린다.

99 행운을 빌어요

"행운의 카드를 선물할게요. 무엇이든 바라는 소망을 이루길 바라요."
입체 카드처럼 눈길을 사로잡는 카드랍니다.
재미난 프린트가 인상적인 유산지를 활용한 봉투도 매력적이네요.

재료 폭 8.5 × 길이 10cm
색지, 유산지, 3M 스프레이풀, 가위

1. 도안대로 트럼프 모양을 자른 다음 반 접는다.
2. 색지 카드에 자른 모양을 반만 붙인다.

MAKING TIP

하트와 클로버 등 모양에 맞춰 메시지를 적으면 더욱 감각적으로 느껴진다.

100 진심을 담아

밋밋한 종이 카드도 도일리 하나만 있으면 로맨틱하게 변신!
카드 앞면과 뒷면에 걸쳐 도일리를 반반씩 붙이면
도일리의 로맨틱한 형태로 인해 특별한 장식 없이도 충분히 낭만적으로 다가옵니다.

재료
도일리, 색지, 딱풀, 가위

1. 색지를 재단하여 반으로 접어 카드를 만든다.
2. 도일리를 반이나 1/3정도로 접어 카드에 붙인다.

 MAKING TIP

도일리의 모양을 2면에 걸쳐 붙여서
다양한 모양을 살려도 좋다.

핸드메이드 종이 포장 DIY 100

주변을 둘러보면 개성을 뽐내는 종이를 쉽게 만날 수 있어요.
가격도 저렴하고 재질과 컬러가 다양한 종이로
세상에 단 하나인 선물 포장을 완성해 보세요.
만드는 과정에 온 가족을 참여시킬 수 있어 즐거운 놀이가 됩니다.

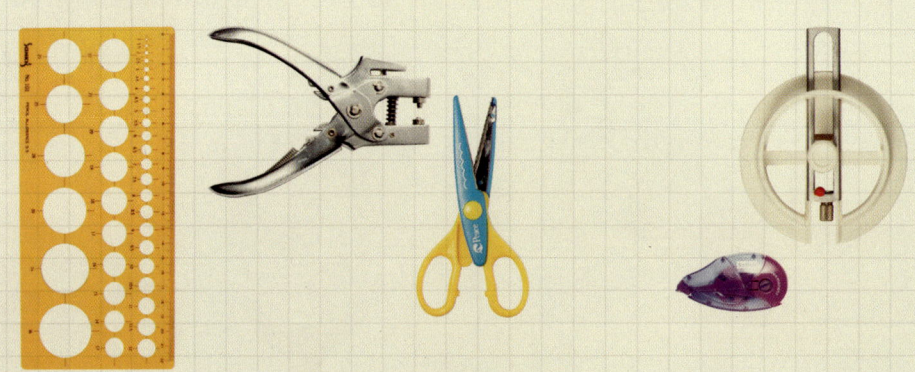